Marianne Herbst

Potenzial 55-plus Neuorientierung für mutige Silberdisteln

Marianne Herbst

Potenzial 55-plus
Neuorientierung für mutige Silberdisteln

Wie Sie nochmal durchstarten und das letzte Drittel des Berufs- (und/oder Privat-) Lebens selbstbestimmt gestalten

Trainerverlag

Imprint

Cover image: Vom Autor bereitgestellt

Publisher:
Der Trainerverlag
is a trademark of
Dodo Books Indian Ocean Ltd. and OmniScriptum S.R.L publishing group

120 High Road, East Finchley, London, N2 9ED, United Kingdom
Str. Armeneasca 28/1, office 1, Chisinau MD-2012, Republic of Moldova, Europe
Printed at: see last page
ISBN: 978-620-0-77066-0

Man entdeckt keine neuen Erdteile
ohne den Mut zu haben,
alte Küsten aus den Augen zu verlieren

André Gide

Inhalt

Abbildungsverzeichnis

1 Warum dieses Buch?

Menschen in der Lebensmitte oder etwas darüber hinaus sind in der Regel lebenserfahren und haben in ihrer Vergangenheit vermutlich schon viele herausfordernde Situationen gemeistert. Mit über 50 Jahren fängt die eine oder der andere manchmal an, den Verlauf des bisherigen Lebens zu reflektieren und stellt dabei fest, dass sich die aktuellen persönlichen Bedürfnisse von denjenigen von früher merklich unterscheiden. Wenn solche Gedanken Sie, liebe Leserinnen und Leser, derzeit beschäftigen, kann dieses Buch Sie bei einer Neu- oder Umorientierung unterstützen.

Für Menschen in der zweiten Lebenshälfte verwende ich gerne die Silberdistel als Metapher. Silberdisteln haben tiefe Wurzeln, die weiter in die Erde reichen, als die Pflanze hoch ist. Sie kommen in ganz Europa vor, sind in der Schweiz und in Deutschland geschützt und dort eher in höheren Lagen zu finden. Mit ihren unscheinbaren, aber wunderschönen silbernen Blütenblättern, erfreut sie die Wanderer. Wie ältere Menschen ist die Blume stark geerdet, und sie hat Erfahrung mit dem Wetter. Sie merkt, wenn Regen droht und hüllt in diesem Falle die Blüte mit den grünen Blättern ein. Ganz wie ältere Menschen, die viele Situationen dank ihrer Lebenserfahrung spontan richtig einschätzen können.

Leider wird in unseren westlichen Ländern das Altwerden nicht gerade als erstrebenswertes Ziel erachtet. Mode, Kosmetikindustrie und viele weitere Branchen verdienen gutes Geld mit Produkten und Dienstleistungen, die den möglichst langen Erhalt der Jugendlichkeit versprechen. In vielen Unternehmen haben es vor allem ältere Mitarbeitende nicht immer leicht, sich zu behaupten. Digitalisierung, Homeoffice, Flexibilisierung der Arbeitszeiten sowie die steigende Personalknappheit fordern sehr viel von allen Menschen. Manche Arbeitgeber hatten bisher das Gefühl, dass Ältere hier nicht mehr so gut mitkommen. Dies ändert sich jedoch gerade. Aufgrund des sich laufend verstärkenden Fachkräftemangels werden ältere, gut ausgebildete Fachkräfte wieder interessant für Arbeitgebende. Ältere Personen verfügen in der Regel in schwierigen Situationen dank ihrer langjährigen Erfahrung über eine grössere Problemlösungskompetenz und mehr Gelassenheit als jüngere Menschen. Gehen solche Mitarbeitende in Pension, ist dies für eine Firma mit einem Wissens- und Erfahrungsverlust (neudeutsch Brain-Drain) verbunden. Nichtsdestotrotz sollten Sie nicht warten, bis ein Arbeitgeber auf die Idee kommt, Sie zu fragen, ob Sie vielleicht über das Pensionsalter hinaus noch weiterarbeiten möchten. Es lohnt sich auf jeden Fall, sich schon Mitte fünfzig selber Gedanken zu machen, wie Sie den letzten Teil Ihres Berufslebens, den Altersrücktritt und das Privatleben von jetzt an gestalten möchten. Denken Sie darüber nach, welche Wünsche und Träume Sie noch verwirklichen möchten. Wir wissen nicht, was morgen passieren wird. Das Leben kann sich schlagartig ändern, wie wir in den letzten Jahren mit der Corona-Pandemie oder dem Ausbruch eines neuen

Krieges in Europa schmerzlich erfahren haben. Also nehmen Sie ab sofort ihr Schicksal in die eigenen Hände und bestimmen Sie selbst, wo es langgehen soll!

Die Ergebnisse der neueren Altersforschung beschreiben verschiedene beachtenswerte Aspekte. Um das Jahr 1950 wurden beim Menschen nur drei Lebensphasen unterschieden:

Kindheit und Jugend (bis ca. 20 Jahre), Erwachsene (Beruf bis ca. 65 Jahre) und Alter (ab 65 Jahren).

Abbildung 1 Lebensphasenmodell alt

Zumindest in den westlichen Ländern jedoch wird diese Unterscheidung im Hinblick auf die demografische Entwicklung der Bevölkerung der Lebenssituation heutiger Menschen nicht mehr gerecht. Man unterscheidet deshalb seit einiger Zeit fünf Lebensphasen:

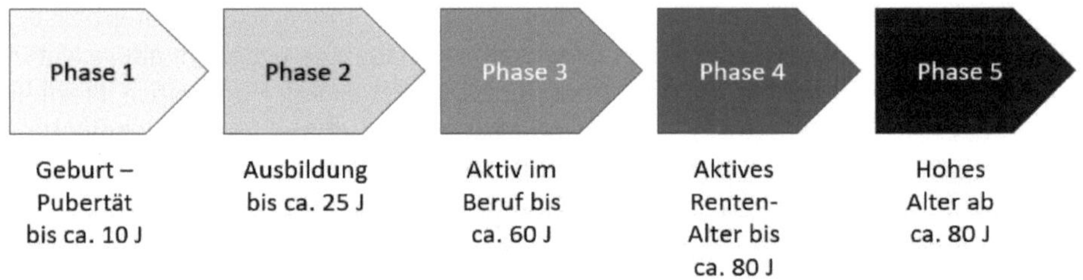

Abbildung 2 Lebensphasenmodell heute

Im Jahr 1948 lag die restliche Lebenserwartung von Männern im Alter von 65 Jahren laut einer Tabelle des Schweizerischen Bundesamtes für Statistik bei 12.4 Jahren, diejenige der Frauen im gleichen Alter bei 14 Jahren. Im Jahr 2020 hatte sich die verbleibende Lebenserwartung von 65-jährigen Männern auf 20.8 und diejenige der Frauen auf 23.6 Jahre erhöht. Das heisst, die Menschen, welche heute mit 65 Jahren aus dem Erwerbsleben ausscheiden, verfügen über gut ein zusätzlich geschenktes Lebensjahrzehnt. Viele sind nach dem Rückzug aus dem Arbeitsprozess körperlich und geistig noch fit, verfolgen eigene Projekte und machen oft die gleiche Art von Abenteuer-

Ferien wie ihre Kinder, die 20 bis 30 Jahre jünger sind. Manche Menschen fallen jedoch nach der Pensionierung in ein tiefes Loch, wenn von heute auf morgen ihr bisheriger Lebensinhalt wegfällt. Sie werden krank oder sterben früh.

Dieses neue Lebensphasen-Konzept orientiert sich stark an gesellschaftlichen Modellen einer selbst- und mitverantwortlichen Lebensgestaltung. Lebensqualität stellt sich nicht einfach von selber ein. Vielmehr sind auch ältere Menschen eingeladen, sich Gedanken zu machen über ihre Zukunft, was ihre Ziele sind und wie sie diese verwirklichen können/möchten.

Für mich persönlich war die Aussage eines Arbeitskollegen, welcher sich mir vor ein paar Jahren bei meinem Stellenantritt in einer neuen Firma mit den Worten vorstellte: «Hallo, ich bin Robert, ich warte hier nur noch auf die Pensionierung» ein kleiner Schock. Auf meine Rückfrage, wie lange das denn noch dauere, antwortete er: «Neun Jahre». Ich konnte mir damals beim besten Willen nicht vorstellen, wie ein Mensch es aushalten könne, während neun langen Jahren nur noch auf den Altersrücktritt zu warten. Mir kam das vor wie eine unvorstellbare Verschwendung kostbarer Lebenszeit. Dieses Ereignis war u.a. ausschlaggebend dafür, mein Angebot «Workshop 55-plus» zu entwickeln, eine Weiterbildung für ältere Menschen, welche die selbstbestimmte Gestaltung der letzten zehn bis fünfzehn Jahre des Berufslebens und der Zeit danach zum Thema hat.

Aufgrund des Anstiegs der Lebensdauer von Menschen versucht die Politik in verschiedenen Ländern das offizielle Pensionsalter anzuheben. Grund dafür ist die Befürchtung, dass die bestehenden Sozialwerke irgendwann nicht mehr finanzierbar sein werden. Die Menschen werden immer älter, sind jedoch nicht unbedingt bereit, länger als bisher zu arbeiten bevor sie in Rente gehen können. In der Schweiz, wo die Bevölkerung über politische Vorhaben abstimmen kann, wurden solch geplante Erhöhungen des Rentenalters an der Urne mehrfach verworfen. Erst im Jahr 2022 ist es gelungen, das Pensionsalter für alle (Männer und Frauen) bei 65 Jahren festzulegen. Eine im Oktober 2021 veröffentlichte Studie der Swiss Life AG Pensionskasse[1] weist aber nach, dass in der Schweiz schon eine grosse Anzahl Personen über das 65. Altersjahr hinaus freiwillig einer Erwerbsarbeit nachgeht. Erstaunlich dabei ist, dass die Gründe, die von den meisten Befragten dafür angegeben wurden, nicht finanzieller Natur sind, sondern in der Freude an der Arbeit liegen. Eine Umfrage von mir selbst unter Kolleginnen und Kollegen nach ihren wichtigsten Werten bei der Arbeit hat ergeben, dass neben der Freude an der Arbeit auch die Selbstbestimmung (Autonomie) eine wichtige Rolle spielt. Die meisten haben mir bestätigt, dass sie sich vorstellen

[1] Swiss Life AG (2021), Länger leben – länger arbeiten? Pensioniert und doch berufstätig: Zahlen, Fakten und Wünsche rund um den Altersrücktritt, Zürich: https://www.swisslife.ch/de/ueber-uns/engagement/studien/laenger-leben.html

könnten, nach dem 65. Altersjahr weiterzuarbeiten, dies allerdings nur, wenn ihre Gesundheit dies zulässt und kein 100%-Pensum mehr verlangt wird. Ich schliesse daraus, dass eine Abstimmungsvorlage über eine weitere gesetzliche Erhöhung des Pensionsalters auf über 65 Jahre in den nächsten Jahren chancenlos sein wird. Niemand weiss, wie der eigene Gesundheitszustand dereinst sein wird. Die meisten Leute würden daher lieber selber entscheiden, wann der Zeitpunkt des Altersrücktritts für sie gekommen ist und ob sie nach 65 noch weiterarbeiten möchten oder nicht. Natürlich braucht es ein gesetzlich festgelegtes Pensionsalter, damit die Sozialversicherungen anfangen können, die verschiedenen Rentenmodelle zu berechnen. Aber damit wäre es dann auch gut und man könnte die einmal gewählte Jahreszahl so belassen, den Altersrücktritt aber möglichst flexibilisieren, sodass die Betroffenen die für sie bestgeeignete Möglichkeit selber auswählen können.

Wünschenswert für ältere Menschen wäre zudem, das eigene (Arbeits-)Leben so gestalten zu können, dass es Freude bereitet und man am Abend mit seinem «Tagewerk» zufrieden ist und dies nicht erst nach dem Rückzug aus dem Berufsleben. Dabei verstehe ich unter dieser Zufriedenheit mit dem eigenen Leben oder dem Beruf ein Gefühl, das Ausdruck ist dafür, mit dem was ist und wie es ist, mehrheitlich glücklich zu sein. Es ist nie alles zu hundert Prozent so, wie man sich das in seinen kühnsten Träumen vorstellt, aber wenn man ehrlich sagen kann: «es ist gut, so wie es ist», sind das ideale Umstände.

Niemand, weder Arbeitgeber, Politiker noch Angehörige oder Freund*innen können jemanden von aussen zu etwas motivieren, was er oder sie nicht will. Man kann, z.B. als Arbeitgeber, nur Voraussetzungen dafür schaffen, die es jemandem ermöglichen, etwas zu tun oder zu lassen, was diese Person gerne tut oder sinnvoll findet. D.h. Menschen brauchen eine Motivation, die aus ihrem Innern herauskommt. Motiviert sind Menschen generell dann, wenn sie sich mit etwas beschäftigen können,

a) was sie interessiert,
b) wozu sie fähig sind (d.h. sie sind dadurch nicht überfordert) und
c) was ihrer Ansicht nach hochgradig Sinn macht.

Sinn ist meines Erachtens der wichtigste Aspekt unter den drei genannten Komponenten und wird charakterisiert durch Werte, die einem Menschen in einem bestimmten Kontext zentral wichtig sind. Solche Werte wiederum sind meistens sehr individuell.

Mir selber wurde so um den 50. Geburtstag herum zum ersten Mal bewusst, dass das Leben (und damit auch die beruflichen Tätigkeiten) irgendwann zu Ende sind. Bis dahin war es mir wichtig gewesen, meinen Beruf rund um die Familie so zu organisieren (ich war alleinerziehende Mutter zweier Kinder), dass es meinen Kindern gut ging, dass sie jederzeit gut betreut waren und einen guten Start ins Erwachsenenleben bekamen. Daneben war ich an vielen Dingen interessiert. Wenn ich auf ein Thema stiess, das mein Interesse weckte, konnte ich mich ohne Weiteres mehrere Jahre damit beschäftigen. Mit 50 Jahren jedoch wurde mir klar, dass mir nicht mehr unbeschränkt oft so viele Jahre wie bisher für ein zufällig interessantes Thema oder eine Tätigkeit zur Verfügung stehen. Ich beschloss daher, mir konkret zu überlegen, wie ich die nächsten Berufsjahre aktiv gestalten und womit ich mich intensiver befassen wollte. Meine Kinder waren inzwischen beinahe erwachsen und so konnte ich mich ab diesem Zeitpunkt vermehrt meiner persönlichen Weiterentwicklung widmen.

Dabei fiel mir auf, dass es in meinem sozialen Umfeld niemanden gab, der sich in diesem Alter noch mit vielen Gedanken zur persönlichen beruflichen Zukunft beschäftigte. Einige hätten am liebsten gleich aufgehört zu arbeiten, wäre da nicht die Frage des finanziellen Überlebens gewesen. Aber es gibt auch Ausnahmen, wie die folgende Geschichte von Elisabeth zeigt.

Öfters einen Neuanfang wagen

Elisabeth hatte ursprünglich einen Beruf in der Modebranche erlernt. Den übte sie mit viel Freude rund 20 Jahre lang aus. Ihr Mann und sie waren kinderlos, sie war deshalb beruflich und privat viel auf Reisen in der ganzen Welt.

Mitten in den «besten Jahren» liess sich das Ehepaar scheiden und Elisabeth fragte sich, wie sie ab da ihre persönliche Zukunft gestalten sollte. Sie hatte Lust auf etwas total Neues und entschloss sich daher, die Branche zu wechseln. Sie begann nochmal ganz von vorn, absolvierte eine 4-jährige Berufslehre, schloss diese mit Bestnoten ab und war in ihrem Betrieb sehr geschätzt. Jahre später wurde sie in diesem Unternehmen als Abteilungsleiterin offiziell pensioniert.

Aber sie hatte auch jetzt nicht vor, sich zur Ruhe zu setzen. Regelmässig hatte sie nebenberuflich Weiterbildungen besucht in der Absicht, nach der Pensionierung eine eigene Firma zu gründen und sich im Bereich Unternehmensberatung selbständig zu machen, was ihr auch gelang.

Heute ist sie 75 Jahre alt, immer noch aktiv und sportlich unterwegs, berät in einem Teilzeitpensum ausgewählte Firmen- oder Privatkunden, arbeitet als freischaffende Künstlerin und stellt ihre Werke von Zeit zu Zeit aus.

So lebt sie heute selbstbestimmt und zufrieden genauso, wie sie es möchte.

Ich lade Sie, liebe Leserin, lieber Leser nun dazu ein, Ihr eigenes, ganz persönliches Zukunftsprojekt zu starten. Deshalb geht es in den folgenden Kapiteln darum, eigene

Werte zu ergründen, darauf aufbauend persönliche Ziele und Wünsche entsprechend zu formulieren und herauszufinden, was es dazu braucht und wie man sie in die Tat umsetzen kann. Legen Sie sich dafür ein Notizheft bereit, in welchem Sie alles aufschreiben, was Ihnen während des Lesens dieses Buches, beim Spazierengehen, im Traum oder sonst in den Sinn kommt. Solche Gedanken sind wichtig und helfen Ihnen beim Durchlaufen dieses Prozesses weiter.

Im weiteren Verlauf dieses Buches liegt der Fokus vor allem auf Veränderungen im beruflichen Gebiet. Die Instrumente können aber ebenso auf Neuorientierungen in anderen Lebensbereichen und in der nachberuflichen Lebensphase angewendet werden. Auf den nächsten Seiten werden in einer Einführung ein paar Grundsätze für die erfolgreiche Umsetzung eines solchen Zukunftsprojektes vorgestellt.

2 Einführung

Voraussetzungen für ein «gelungenes» Leben

Die Philosophin und Autorin Beate Rössler[2] hat in einem ihrer Bücher die folgenden Kriterien beschrieben, welche Voraussetzungen für ein gutes Leben darstellen:

1. Bewusstsein einer Person über ihre eigenen Werte und Überzeugungen in den jeweiligen Lebenskontexten (Familie, Beruf, Partner- oder Freundschaften etc.).
2. Vorhandensein von für die betroffene Person sinnvollen oder wünschenswerten Optionen, wie sie ihr Leben gestalten möchte.
3. Fähigkeit dieser Person, über ihre Ziele und Wünsche, sowie auch den sozialen Kontext, in welchem sie ihre Wünsche verwirklichen möchte, zu reflektieren und anhand ihrer Werte zu entscheiden, ob es für sie Sinn macht, ihre Vorstellungen darin zu realisieren.
4. Vorhandensein eines sinnvollen Angebots an Wahl- und Entscheidungsmöglichkeiten, damit Menschen Autonomie überhaupt leben können.
5. Vorhandensein von Formen sozialer Anerkennung im Umfeld einer betroffenen Person, die es ihr ermöglicht, Selbstachtung und Selbstwert zu entwickeln.
6. Abwesenheit von Hindernissen oder Zwang durch oder in der Gesellschaft, die verhindern, dass jemand autonome Entscheidungen treffen kann.
7. Bereitschaft einer Person, sich für das Erreichen der eigenen Ziele gegebenenfalls auch anzustrengen.
8. Mut einer Person, sich von bestimmten sozialen Beziehungen zu lösen und sich für andere Kontexte zu entscheiden, wenn sie die bestehenden als nicht sinnvoll für ihr Leben erachtet.
9. Fähigkeit einer Person, das eigene, selbstbestimmte Leben, als sinnvoll und bereichernd zu betrachten, auch wenn man darin zwischendurch mit Spannungen und Konflikten umgehen muss.

Das Vorhandensein solcher Voraussetzungen ist nicht nur notwendig für ein gutes Privatleben, sondern hat auch einen entscheidenden Einfluss auf die eigene berufliche Tätigkeit.

---

[2] Beate Rössler, Autonomie, ein Versuch über das gelungene Leben, 2017 Berlin, Suhrkamp Verlag

Bedeutung eines guten Selbstwertgefühls

Menschen, die ein gutes Selbstwertgefühl besitzen, zeigen sich gerne so, wie sie wirklich sind. Sie kennen ihre Stärken und Schwächen, können zu den Schwächen stehen, nehmen auch andere Menschen wie sie sind und verfügen oft über eine gute soziale Kompetenz sowie Kommunikationsfähigkeiten. Soziale Kompetenz und gute Kommunikationsfähigkeit hängen in der Regel miteinander zusammen. Im Weiteren zeigt sich ein gutes Selbstwertgefühl in einer klaren Ausdrucksweise, Achtsamkeit und Zuhören können.

Menschen, die über ein weniger gutes Selbstwertgefühl verfügen, verhalten sich oft so wie sie glauben, es werde vom Gegenüber erwartet. Manchmal zeigt sich ein schlechtes Selbstwertgefühl auch in Suchtverhalten, Konsumzwang, Abhängigkeit von Anerkennung oder generell in einer Opferhaltung, aus der die betroffene Person nicht herausfindet.

Das Selbstwertgefühl von Menschen hängt oftmals von Prägungen in der frühesten Kindheit ab, die dem Betroffenen meist gar nicht bewusst sind. Verhaltensmuster und Glaubenssätze, Ängste und Unsicherheiten sind Resultate unserer Erfahrungen in den ersten Lebensjahren. Solch schlechte Gefühle gegenüber sich selbst können das persönliche Fortkommen extrem behindern.

Eine Kündigung der Arbeitsstelle kann das Selbstwertgefühl enorm beeinträchtigen. Betroffene fühlen sich unzulänglich, als Versager oder schuldig, indem sie glauben, den Anforderungen des Arbeitgebers nicht gerecht geworden zu sein und deshalb die Kündigung mitverschuldet zu haben. Sollten auch Sie von einer solchen Situation betroffen sein und negative Gefühle verspüren, ist es wichtig, dass Sie zuerst Ihre Kräfte wieder aufbauen und zu ihren Ressourcen zurückfinden. Menschen in einem schlechten seelischen Zustand fällt es schwer, kreativ zu werden und neue Ideen zu entwickeln. Tun Sie sich selber etwas Gutes, gönnen Sie sich eine Auszeit, gehen Sie spazieren in der Natur oder lassen Sie sich helfen, vielleicht durch eine persönliche Beratung oder psychologische Begleitung. Danach sind Sie viel besser in der Lage, einen Veränderungsprozess konstruktiv anzugehen.

Ob jemand ein gutes Selbstwertgefühl entwickeln kann ist auch abhängig vom Umfeld, in welchem sich das eigene (Berufs-)Leben abspielt (siehe Punkt 5 der Liste auf Seite 11). Fehlt ein solches Umfeld, ist es wichtig, dass es im Leben einer betroffenen Person auch Bereiche gibt, wo sie sich aus ihrer Sicht mit etwas Sinnvollem beschäftigen und dabei Freude und Anerkennung erfahren kann.

Phasen in einem Veränderungsprozess

Möglicherweise verspüren Sie den Wunsch, an Ihrer beruflichen Situation etwas zu verändern, anzupassen oder vielleicht möchten Sie sich beruflich sogar noch einmal ganz neu orientieren. Ein solcher Veränderungsprozess umfasst verschiedene Phasen, die sinnvollerweise nacheinander abgearbeitet werden, genau wie in jedem grösseren Projekt. Die folgende Abbildung gibt Ihnen einen Überblick über diese Phasen. Dabei ist es unerheblich, was die Inhalte eines solchen Prozesses sind, die einzelnen Teilschritte sind jeweils dieselben. Das heisst, auch wenn Sie in einem anderen Lebensbereich als dem beruflichen etwas verändern möchten, können sie auf die gleiche Weise vorgehen. In diesem Buch allerdings liegt der Fokus auf beruflichen Veränderungen.

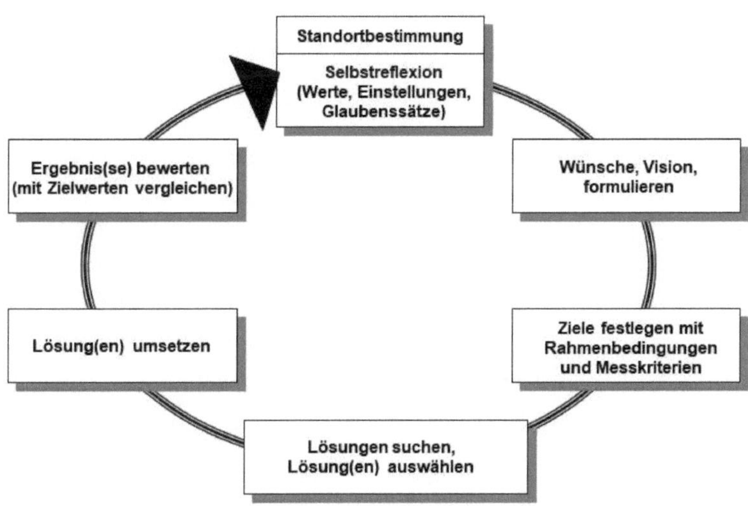

Abbildung 3 Veränderungsprozess

Ein Veränderungsprozess beginnt immer mit einer Standortbestimmung. Hierbei geht es darum herauszufinden, wo Sie persönlich im Moment stehen, welche Fragen Sie beschäftigen, welche Wünsche oder auch Ängste vorhanden sind und was genau Sie gerne verändern möchten. Im Weiteren sollten Sie sich überlegen, was Ihnen im Bereich, wo Sie eine Veränderung wünschen, zentral wichtig ist und wovon Sie zutiefst überzeugt sind. Eine solche Analyse wird Ihnen dabei helfen, die Problematik der aktuellen Situation besser zu verstehen.

Im zweiten Schritt geht es darum, Wünsche und Visionen zu konkretisieren. Visionen sind vage Bilder und/oder Gefühle, die einen Menschen begleiten. Fragt man jemanden nach seinen/ihren Wünschen oder Visionen, fällt es manchen Leuten schwer, diese konkret zu beschreiben. Erst wenn solche Wunschbilder klarer werden, kann man daraus konkrete Ziele und Massnahmen ableiten, die es zur Verwirklichung braucht.

In der dritten Phase werden aus den Visionen klare Ziele und Rahmenbedingungen formuliert sowie auch Kriterien, mit welchen man am Ende messen kann, ob und in welchem Ausmass das Ziel erreicht wurde.

Erst nach all dieser Vorarbeit wird es möglich, nach passenden Vorgehensweisen resp. Lösungen zu suchen. Menschen reagieren unterschiedlich, wenn sie in einer Situation sind, welche für sie unangenehm ist. Manche Personen versuchen, eine solche Situation passiv auszusitzen und hoffen darauf, dass sich möglichst bald etwas an der unangenehmen Lage ändert, was aber selten der Fall ist. Wieder andere sind sehr aktiv und probieren gleich die eine oder andere Lösung für das Problem aus. Das kann gut gehen und spontan zum Erfolg führen, muss aber nicht. Wenn man zu oft etwas Neues ausprobiert und es nicht klappt, resigniert man irgendwann und hat vielleicht keine Kraft mehr für neue Varianten. Ein systematisches Vorgehen lohnt sich deshalb immer, dauert etwas länger, führt aber in der Regel zu einer nachhaltigen Veränderung. Auch ist es hilfreich, sich je nach Thema möglichst zwei bis drei Lösungsvarianten zu erarbeiten und sich anschliessend für die beste davon zu entscheiden.

Im letzten Schritt wird das erreichte Ergebnis bewertet, d.h. mit den Zielkriterien verglichen, um allenfalls noch Anpassungen vornehmen zu können.

Projekttagebuch

Sie können dieses Buch als einen Leitfaden zur Bearbeitung Ihres persönlichen Um- oder Neuorientierungsprojekts nutzen. Um Sie bei der Lösungsfindung zu unterstützen, finden Sie immer wieder Fragenkataloge zu den einzelnen Themen, die zu beantworten sind. Nach jeder gestellten Frage folgen einige Leerzeilen für persönliche Notizen. Möglicherweise brauchen Sie jedoch mehr Platz für Ihre Gedanken. Das Anlegen eines «Projekttagebuchs» könnte deshalb hilfreich sein. Ein ganz normales Schulheft genügt dazu. Tragen Sie das Heft möglichst immer bei sich und legen Sie es nachts mit einem Schreibstift neben Ihr Bett. Notieren Sie darin alle Ideen, die Ihnen im Zusammenhang mit Ihrer Zukunft einfallen. Nicht immer befindet man sich am Platz, wo man sich gezielt mit seinem Zukunftsprojekt beschäftigt, wenn ein interessanter Gedanke auftaucht. Mit einer entsprechenden Notiz im Tagebuch sorgen Sie dafür, dass er nicht wieder in Vergessenheit gerät. Manche Ideen beschäftigen uns vor allem nachts und hindern uns am Einschlafen. Notieren Sie solche Ideen kurz im bereitgelegten Heft und Sie werden staunen, wie gut Sie danach einschlafen können. Die besten Ideen kommen oft im Traum. Erinnerungen an Träume stehen jedoch nur kurz nach dem Aufwachen, in einem halbschlafartigen Zustand noch zur Verfügung. Sie verflüchtigen sich, sobald man ganz wach wird und aufsteht. Versuchen Sie deshalb vor dem Aufstehen ganz bewusst Träume zu erinnern und notieren Sie allfällige Ideen kurz im Tagebuch. So stehen Ihnen die Gedanken am nächsten Tag oder später jederzeit für die weitere Bearbeitung zur Verfügung.

Das Modell der (neuro-)logischen Ebenen

Bevor Sie mit der Arbeit an Ihrem Zukunftsprojekt beginnen, soll hier noch ein Modell vorgestellt werden, welches Sie später bei verschiedenen Teilschritten im Veränderungsprozess unterstützt.

Die Persönlichkeit eines erwachsenen Menschen kann ebenfalls mit diesem Modell dargestellt werden. Es umfasst sechs unterschiedliche Bereiche, die jeweils einen bestimmten Aspekt im Leben eines Menschen beleuchten. Das Modell stammt von zwei Amerikanern, Robert Dilts und Gregory Bateson. Ausgehend von der Maslow'schen Bedürfnispyramide wurde es für Anwendungen in der Psychologie geschaffen, ist jedoch auch für das Vorgehen in einem Veränderungsprozess hilfreich. Die verschiedenen Ebenen sind miteinander verknüpft und können Aufschluss geben über Ziele und Motivation eines Menschen. Sie zeigen Zusammenhänge auf und geben Hinweise, wie eine geplante Veränderung angegangen werden kann sowie auf welche anderen Ebenen eine solche Auswirkungen haben wird.

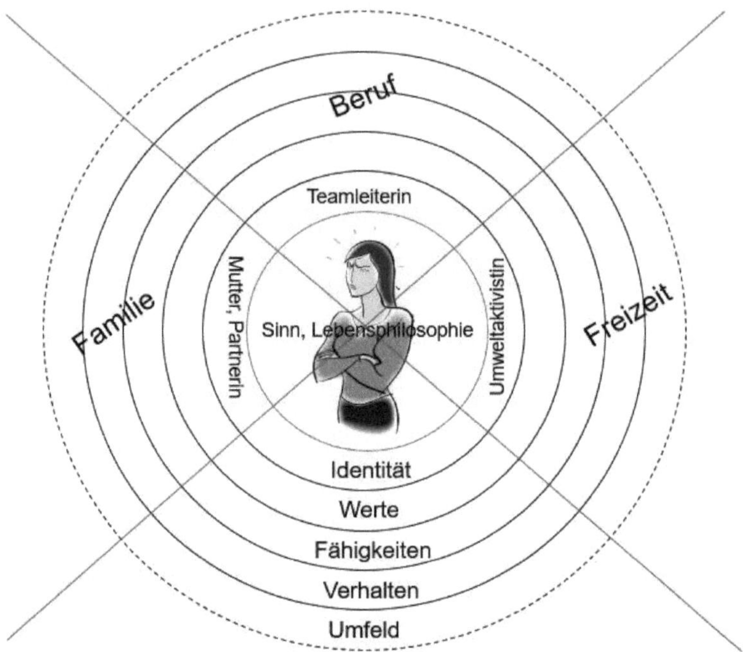

Abbildung 4 Modell der (neuro-)logischen Ebenen

Das Modell umfasst die sechs Ebenen Umfeld, Verhalten, Fähigkeiten, Werte, Identität sowie Sinn/Lebensphilosophie. Die Ebenen sind in Kreisen rund um die Person angeordnet, um welche es geht. Die äusserste Ebene ist das Umfeld, in welchem sich jemand bewegt. Das Leben eines Menschen ist durch ganz verschiedene Lebensbereiche geprägt. Viele Menschen haben z.B. eine Familie, einen Beruf oder sind in ihrer Freizeit irgendwie aktiv und in allen diesen Teilbereichen des Lebens ist das Umfeld wahrscheinlich ein ganz anderes. Die beiden Diagonalen im Bild sollen dies verdeutlichen, indem sie den Kreis in verschiedene Segmente aufteilen (wie Kuchenstücke). Selbstverständlich haben die meisten Menschen noch viel mehr solcher Segmente in Ihrem Leben. Weitere Segmente, in welchen Menschen aktiv sind, könnten sein: Politik, Sport, ehrenamtliche Tätigkeit, Reisen und viele andere. Die Umfelder, in welchen solche Aktivitäten stattfinden, können sich dabei wesentlich voneinander unterscheiden.

Mit entsprechenden Fragen kann man diese Ebenen gezielt ansprechen und erkunden. Deshalb werden zunächst die einzelnen Ebenen und die Fragen, die dazu gehören, näher erläutert.

Ebene 1, Umfeld: Ein Mensch ist zu unterschiedlichen Zeiten in unterschiedlichen Umfeldern aktiv. Zur Ebene des Umfelds zählt man z.B. andere Menschen, Orte oder zeit-liche Aspekte. Aufschluss über das Umfeld von jemandem geben die Fragen «**Wo, wann** oder **mit wem** passiert etwas im jeweiligen Umfeld? Wo oder wann ist etwas vorgefallen? Wer ist davon ebenfalls in irgendeiner Form mitbetroffen? Zu welcher Zeit, in welchen Intervallen findet etwas statt?»

In der obigen Abbildung sind drei verschiedene Bereiche angegeben, in welcher sich die Frau in der Mitte betätigt. Jeder Bereich (Kuchenstück), Familie, Beruf und Freizeit findet in einem anderen Umfeld statt, d.h. vermutlich mit anderen Menschen, an anderen Orten und zu anderen Zeiten. Zum Umfeld der eigenen Familie zählt man die Menschen, die zu dieser Familie gehören (Kernfamilie, Angehörige und Freund*innen), dann der Ort, das Haus oder die Wohnung, wo die Familie wohnt und die Tageszeiten, welche die Familie oder die einzelnen Personen, die dazu gehören, dort verbringen. Das gleiche gilt für den Beruf. Die Menschen, mit denen man in diesem Bereich zusammen ist, sind Arbeitskolleginnen und -kollegen, Chefs, Lieferanten etc. Der Ort, wo man beruflich tätig ist, kann das Büro, die Baustelle, das Flugzeug (falls man als Flugbegleiter*in arbeitet) und die Orte, wo man damit hinkommt und vieles andere sein. Die Arbeitszeiten gehören als Zeitfaktor mit dazu. Auch die Freizeit findet in einem Umfeld statt. In unserem Beispiel, in welchem die Frau als Umweltaktivistin tätig ist, sind das vielleicht ein Büro oder auch Orte draussen, wo gegen etwas protestiert wird.

Ebene 2, Verhalten: Ein Mensch zeigt in jeder Situation seines Lebens irgendein Verhalten. Die Frage «was genau tut jemand?» liefert Antworten zur Verhaltensebene. Unter Verhalten wird generell eine Tätigkeit verstanden, die in Form eines Verbs beschrieben wird: Sprechen, schlafen, arbeiten, essen, kommunizieren, Schmerzen beschreiben, etc. Auch nonverbale Signale gehören zu dieser Ebene (Mimik, Haltung, Geräusche, Art der Atmung etc.). Nach dem Verhalten fragt man mit «**Was** genau tut jemand**?»** Meist ist es ja so, dass jemand in den verschiedenen Bereichen seines Le-bens ganz unterschiedliche Tätigkeiten ausübt.

Ebene 3, Fähigkeiten: Jedes Verhalten von Personen setzt gewisse Fähigkeiten dazu voraus. Wenn jemand beim Arzt ist und Krankheitssymptome beschreiben soll, muss der Patient über gewisse sprachliche Fähigkeiten verfügen und es braucht auch die Fähigkeit, Vorgänge im oder am eigenen Körper überhaupt wahrnehmen zu können. Im Beruf muss jemand vielleicht über technische Fähigkeiten verfügen. In der Familie sind gute kommunikative Kompetenzen wichtig, um allenfalls mit pubertierenden Kindern gut klarzukommen oder auch um die Partnerbeziehung lebendig zu erhalten. Die Frage auf der Ebene der Fähigkeiten lautet «**Wie** macht er oder sie das?»

Ebene 4, Wertvorstellungen, Überzeugungen, Glaubenssätze*:* Wertvorstellungen sind Rahmenbedingungen für das eigene Leben, die aus der persönlichen Geschichte und dem Erfahrungsschatz der betreffenden Person stammen. Sie geben Halt, dienen als Messkriterien bei Entscheidungen und wirken als massgebliche Wahrnehmungsfilter. Überzeugungen und Glaubenssätze sind (meist unbewusste) Grundannahmen einer Person zu einem Thema. Werte sind auch Massstäbe, nach welchen Menschen Situationen irgendwelcher Art beurteilen. Die Frage «**Warum?**» zielt ab auf Wertvorstellungen von jemandem. Wenn irgendwo ein Fehler passiert und man herausfinden möchte, was schiefgelaufen ist, um es das nächste Mal besser machen zu können, ist es meist nicht hilfreich, nach dem Warum zu fragen. Viele Menschen fangen bei dieser Frage an, sich zu rechtfertigen und zu erklären, warum sie etwas so oder so gemacht haben, anstatt die Beschreibung oder den konkreten Hergang eines Ereignisses zu liefern. Besser ist es zu fragen «Was ist Ihnen dabei wichtig und weshalb?» Ob jemand seine Kinder impfen lassen will oder nicht, hat mit persönlichen Wertvorstellungen der jeweiligen Person zu tun. Entsprechend kritisch können sich z.B. Patienten oder Patientinnen verhalten, wenn sie merken, dass ein Arzt andere Wertvorstellungen vertritt als sie selber. Das gleiche gilt für Kunden oder Kundinnen einer Firma, wenn sie merken, dass Verkäufer oder Beraterinnen ganz andere Wertvorstellungen haben als sie selber. Von aussen sieht man jemandem seine Wertvorstellungen nicht an. Oft sind sie jedoch nicht erkannte Ursachen für Missverständnisse oder Konflikte in Gesprächen.

Ebene 5, Identität*:* Die meisten Menschen haben eine klare Vorstellung davon, wer sie sind. Der **Name** ist die eindeutige Identität einer Person (Frage: **Wer** bin ich? Mein Name ist Max.). Je nach Kontext, beschreibt diese Ebene aber auch verschiedene **Rollen** oder **Funktionen**, die ein Mensch einnehmen/ausüben kann. Im Beispiel von der ärztlichen Sprechstunde ist die Identität des einen «Arzt» und die des anderen Gesprächspartners «Patient». Andere Identitäten können sein: Vater, Mutter, Bundesrat, Abteilungsleiter, Direktor etc. Wenn man einem Patienten gegenübertritt, ist es möglicherweise hilfreich, herauszufinden, welche Rolle, der Patient der Pflegeperson oder dem Arzt zuschreibt. Die Erwartungen sind sehr unterschiedlich, je nachdem, ob Patienten von der Zusammenarbeit mit dem Arzt eine partnerschaftliche oder eher die Vorstellung einer Eltern-Kind-Beziehung haben. Werden die Erwartungen erfüllt, zeigt sich das auch in einer positiven Rückmeldung oder in einer mehr oder weniger guten Kooperation. Genau dasselbe gilt für die Zusammenarbeit in einem Betrieb. Erwartungen an einen Gesprächspartner haben oft damit zu tun, in welcher Rolle (Identität) ein solcher wahrgenommen wird. Das heisst aber noch lange nicht, dass solche Erwartungen auch immer explizit ausgesprochen werden.

Ebene 6, Sinn, Lebensphilosophie*:* Diese Ebene beschreibt Faktoren, welche die innersten Beweggründe eines Menschen für ein bestimmtes Verhalten sind. Hier sind die Grundlagen für Motivation und Engagement oder auch deren Gegenteil angesiedelt. Auf der Sinnebene finden wir ebenfalls Werte, nämlich jene, welche in der Wertehierarchie für einen Menschen absoluten Vorrang haben. Auch sie sind wichtige Messkriterien für die Zufriedenheit einer Person mit irgendwelchen Aspekten im Leben. Frage: **Wozu** ist das Ganze gut?

Somit wird klar, dass man dieses Modell dazu nutzen kann, die eigenen Lebensbereiche sowie seine Fähigkeiten, Werte und Überzeugungen besser kennenzulernen. Andererseits kann man es ebenso dazu nutzen, Problemfelder zu erkennen, welche im Zusammenleben mit anderen Menschen entstehen können, wenn sich Wertvorstellungen der Betroffenen diametral unterscheiden. Bateson sagt auch, ein Problem kann nicht auf derselben Ebene gelöst werden, auf der es angesiedelt ist. Daher ist es für eine erfolgreiche Problemlösung hilfreicher, die Ebene zu wechseln. In diesem Buch wird das Modell vor allem bei der Standortbestimmung sowie für diverse Analysen angewendet.

3 Standortbestimmung – meine eigenen Werte

Wie bereits erwähnt steht am Anfang eines Veränderungsprozesses eine Analyse der Ausgangslage. Standortbestimmung heisst, sich über die eigene aktuelle Situation klar zu werden und was Ihnen ganz persönlich wichtig ist. Darüber geben vor allem die eigenen Wertvorstellungen Auskunft. Werte sind so etwas wie die Leitplanken auf dem persönlichen Lebensweg (wie auf einer Autobahn). Sie geben Halt und dienen als Messkriterien bei Entscheidungen, z.B. wenn Sie sich im Laufe des Prozesses für oder gegen eine mögliche Lösung entscheiden sollen. Ist man sich seiner Werte nicht bewusst, erfolgt eine solche Entscheidung «aus dem Bauch heraus». Bauchentscheidungen sind oft gut, wenn sie aber nicht zum Ziel führen, weiss man meistens nicht, was der Grund ist für das Scheitern. Deshalb sollte man sowohl auf den Bauch hören, aber mit dem Kopf auch möglichst viele Fakten zusammentragen. Wenn beides übereinstimmt, werden wichtige Entscheidungen nachhaltiger ausfallen.

Es gibt verschiedene Modelle für das Vorgehen bei einer Standortbestimmung. Hier nutzen wir das im vorherigen Kapitel gezeigte Modell der logischen Ebenen.

Wählen Sie dazu eine wichtige Rolle oder Funktion, die Sie in Ihrem Beruf gerade ausüben (z.B. Teamleiterin, Hauswart, Versicherungsberater, Busfahrerin etc.) und die Ihnen Freude macht resp. die Sie gerne wahrnehmen. Schreiben Sie diese Rolle oder Funktionsbezeichnung in das Antwortblatt auf der übernächsten Seite in die Zeile mit der Bezeichnung «Identität». Gehen Sie danach die untenstehenden Fragen auf der nächsten Seite in der genannten Reihenfolge durch und schreiben Sie Ihre Antworten in die leeren Felder neben der betroffenen Ebene im Antwortblatt.

Nachdem Sie Ihre Rollenbezeichnung notiert haben, fahren Sie weiter mit den Fragen auf der Ebene der Tätigkeiten, die mit dieser Rolle verknüpft sind. Danach folgen die Fragen zur Ebene des Umfeldes. Fahren Sie fort mit der Ebene der Fähigkeiten, danach jener der Werte und Glaubenssätze und schliesslich mit derjenigen des Sinns bzw. Ihrer Lebensphilosophie. Wenn eine Frage nicht zu Ihrer Rolle passt, lassen Sie die einfach weg. Sollten Ihnen weitere Gedanken auf den verschiedenen Ebenen einfallen, die für Sie wichtig sind und nach denen nicht gefragt wird, schreiben Sie diese bitte alle auch auf. Nehmen Sie bei Bedarf auch weitere Notizblätter zu Hilfe oder kopieren Sie sich das leere Formular mehrfach, damit Sie alle Gedanken bei den richtigen Ebenen notieren können.

Fragen zu einer Rolle/Funktion die mir Freude macht

Ebene und Reihenfolge der Bearbeitung	Mögliche Fragen dazu
6 Sinn	Wozu ist das Ganze überhaupt gut? Warum stehe ich jeden Morgen wieder auf? Warum macht es für mich Sinn, diese Rolle wahrzunehmen? Was ist mir daran besonders wichtig? Was gibt mir persönlich Zufriedenheit in meinem Leben? Was möchte ich auf keinen Fall missen? Was motiviert mich hochgradig dazu, auch wenn ich mal nicht so gut drauf bin?
1 Rolle/Identität/ Funktion	Um welche Funktion geht es? (Fachfrau/Fachmann Gesundheit, Verkehrspolizist*in, etc.)
5 Werte, Überzeugungen, Glaubenssätze	Was ist Ihnen bei den Tätigkeiten in dieser Funktion besonders wichtig? (Werte wie Beziehung, Spass, Lernen, jemandem helfen etc.). Warum tun Sie das überhaupt? Was sagen Sie (oder was sagt vielleicht eine innere Stimme) manchmal innerlich zu Ihnen, wenn Sie das tun? Wovon sind Sie in diesem Zusammenhang zutiefst überzeugt? Was gefällt Ihnen besonders an dieser Aufgabe? Welche Ihrer Werte sind dabei speziell erfüllt?
4 Fähigkeiten	Wie machen Sie das? Welches Wissen, welche Fähigkeiten oder Voraussetzungen (körperlich, seelisch und geistig) sind dazu notwendig? Was interessiert Sie an dieser Thematik besonders?
2 Verhalten, Tätigkeiten	Was genau tun Sie oder müssen Sie tun, wenn Sie diese Rolle wahrnehmen? Was sind Ihre verschiedenen Tätigkeiten dabei?
3 Umfeld	Wo finden diese Tätigkeiten statt (Ort)? Mit wem haben Sie da zu tun? Wer ist auch von der Situation jeweils mitbetroffen? Wann genau (zeitlich) passiert was?

Antwortblatt zu den Fragen auf den verschiedenen Ebenen

Ebene	**Ihre Antworten**
6 Sinn	
1 Rolle/Identität/ Funktion	
5 Werte, Überzeugungen, Glaubenssätze	
4 Fähigkeiten	
2 Verhalten, Tätigkeiten	
3 Umfeld	

Wenn Sie mit der Arbeit des Notierens fertig und immer noch unsicher sind, welche Werte Ihre wichtigsten sind, können Sie dieselbe Aufgabe auch noch mit einer Rolle durchgehen, die Sie nicht so gerne übernehmen. Dazu formulieren Sie die Fragen einfach um wie z.B.

Warum finde ich das Ganze nicht gut? Was missfällt mir daran? Welche meiner Werte oder Überzeugungen sind dabei verletzt? Was genau tue ich nur ungern? Etc.

Aus dem Vergleich der Details der beiden Rollen können Sie möglicherweise weitere wichtige Aspekte herauslesen.

Zusammenfassung der eigenen Werte

Nachstehend finden Sie nun eine Liste möglicher Werte, die Ihnen im Beruf (und auch privat) wichtig sein könnten. Wählen Sie daraus diejenigen fünf aus, die Ihnen aufgrund Ihrer Rollenanalyse im vorherigen Kapitel die wichtigsten sind und kreuzen Sie diese an:

❒ gutes Arbeitsteam, gute soziale Kontakte
❒ Freude an der Arbeit oder generell an dem, was ich tue
❒ Anerkennung von Leistungen
❒ finanzielle Sicherheit
❒ Herausforderung durch anspruchsvolle Aufgaben
❒ persönliche Weiterentwicklung (Lernen durch Erfahrungen oder Weiterbildungen)
❒ klar definierte Arbeitsabläufe
❒ sinnvolle Tätigkeit
❒ Aufstiegsmöglichkeiten
❒ gute Leistungen erbringen
❒ Verantwortung tragen für Menschen oder Projekte
❒ Mitbestimmung bei der Zielfindung (bei der Arbeit oder im sozialen Umfeld, wo ich etwas tue)
❒ etwas beitragen zum Wohl der Gesellschaft
❒ eigene Ideen einbringen
❒ Kreativität
❒ Wertschätzung durch Kolleg*innen, Vorgesetzte, Familie oder Freund*innen
❒ Möglichkeit, eigenverantwortlich zu entscheiden und zu handeln
❒ gute und transparente Kommunikation und Information
❒ respektvoller Umgang miteinander
❒ andere

Falls Sie «andere» ausgewählt haben, um welche Werte handelt es sich dabei? Notieren Sie diese:

....

....

....

Die Fähigkeit eigene Werte zu reflektieren

Nach dieser Arbeit sollte Punkt eins (Bewusstsein über die eigenen Werte und Überzeugungen) aus der Liste der Voraussetzungen für ein gelungenes Leben von Beate Rössler (siehe Kapitel Einführung) für Sie klarer geworden sein.

Das heisst aber nicht, dass man eigene Wertvorstellungen nicht hinterfragen und im Bedarfsfall auch ändern kann.

Im Rahmen einer meiner diversen Weiterbildungen in jüngeren Jahren ist mir einmal schlagartig bewusst geworden, dass ich eine Überzeugung in mir trug, welche mir das Leben unnötig schwer machte. Diese lautete in etwa: *«Nur harte Arbeit ist gute Arbeit»* und stammte aus meiner Kindheit. Meine drei Geschwister und ich wurden von den Eltern selten gelobt. Dass man eine Aufgabe gut erfüllte, war selbstverständlich. Kritik erfolgte jedoch umgehend, wenn die Eltern mit einem Resultat nicht zufrieden waren. Nur wenn man sich extrem anstrengte, gab es vielleicht hie und da einmal ein Lob. Nachdem mir dieser Leitsatz bewusst geworden war, nahm ich mir vor, nach der 80 zu 20 – Regel zu leben (Pareto Prinzip), welches lautet: In der Regel braucht man 20% der verfügbaren Zeit, um 80% einer Aufgabe gut zu lösen. Die restlichen 80% der Zeit braucht man, um das Resultat zu perfektionieren.

Perfektionismus ist bei vielen Menschen ein innerer Antreiber, der ihnen Steine in den Weg legen kann. Alle Werte, die im Erwachsenenleben möglicherweise hinderlich sind, hatten damals, als sie bei dem betreffenden Menschen entstanden sind, ursprünglich eine positive Absicht. Sie halfen dem kleinen Kind dabei, in der Umgebung (Familie, Schule), die es sich ja nicht selber aussuchen konnte, gut zu überleben. Junge Erwachsene übernehmen manchmal unbewusst und unreflektiert die Werte aus ihrer Kindheit und merken nicht, dass einige davon in der Erwachsenen- oder Arbeitswelt für sie plötzlich hinderlich sind. Auch das Gegenteil ist möglich. Manche Jugendliche lehnen viele Werte der Eltern komplett ab und leben das Gegenteil davon. Aber auch damit kann man in der Umwelt anecken.

Es ist daher eine wichtige Arbeit, seine eigenen Werte zu reflektieren und zu überlegen, welche für die persönliche Weiterentwicklung hilfreich sind und welche nicht. Es liegt im eigenen Ermessen, welche davon man weiter erhalten und von welchen man sich lieber verabschieden möchte. Im Weiteren ist es auch sinnvoll, nach Werten zu leben, welche anderen Menschen oder der Umwelt nicht schaden.

Angestrebte Veränderungen im Wertebereich brauchen viel Zeit. Die Möglichkeit, wieder in alte Verhaltensmuster zu fallen, ist vor allem in Stress-Situationen gross. Aber auch hier gilt: «Übung macht den Meister». Bleiben Sie gelassen, wenn Sie sowas bemerken und haben Sie Geduld mit sich selbst. Schon dass Sie dies ausprobieren ist lobenswert!

Unterschiedliche Werte verschiedener Generationen

Neben den bereits erwähnten Inhalten zum Thema Werte, gibt es auch einen Zusammenhang zwischen dem jeweilig herrschenden Zeitgeist und dessen Werten, welche ganze Generationen prägten, die damit gross geworden sind.

Der Begriff «Generation» umfasste früher eine Lebensspanne von rund 30 Jahren – die Zeitspanne, die es dauerte, bis die Lebensweisen der Älteren von den Jüngeren abgelöst wurden. Heute ist diese Zeitspanne auf rund 15 Jahre geschrumpft.

Eine Generation ist eine Gruppe von Menschen, die sich aufgrund der Alterszugehörigkeit und ihrer sozialen Situation ähnlich sind. Besondere Ereignisse im Weltgeschehen (z.B. AKW-Unfälle, Fall der Berliner Mauer, Kriegsereignisse, grosse Naturkatastrophen, etc.) und individuelle Erfahrungen, denen die Menschen in Ihrer Kindheit und Jugend ausgesetzt waren, sind massgeblich für die Wertvorstellungen, die diese Menschen entwickeln und die sie in ihrem späteren Erwachsenenleben begleiten.

Verschiedene Generationentypen[3]

Kriegskinder und Nachkriegsgeneration (Jahrgänge 1935 – 1949)

Sie sind heute aktive Rentner (Generation Beatles, Silver Ager). Traditionelle Werte haben bei Ihnen einen hohen Stellenwert wie Fleiss, Sparsamkeit, Pflichtbewusstsein, Disziplin und materielle Werte. Diese Menschen sind häufig in einem traditionellen Umfeld aufgewachsen mit dem Vater als Familienvorstand und der Mutter als Hausfrau. Kinder- und Jugendjahre verbrachten sie in der Familie an einem Ort. Sie gelten als verlässlich und glauben an den Wert von Vernunft, Recht und Ordnung. Sie waren loyal gegenüber dem Arbeitgeber, ihre berufliche Entwicklung war geprägt von Beständigkeit und einer Anstellung auf Lebenszeit. Ihr Leitsatz:

Erst die Arbeit und dann das Vergnügen!

---

[3] Quelle: Zeitschrift HR-Today 2014 (bis und mit Generation Y)

Konfliktpotenzial: Die Babyboomer sehen diese Generation als die der Angepassten, Bewahrer und Verhinderer von Veränderungen.

Babyboomer (1950 – 1964)

Auch sie sind bereits oder werden nächstens ins Rentenalter kommen (Generation Interrail, Workaholics, Easy Riders). Sie wuchsen zumeist mit mehr als einem Geschwister auf und waren oft der Konkurrenz der eigenen Altersgruppe ausgesetzt. Dies schulte sie, sich einerseits durchzusetzen und gleichzeitig zu kooperieren. Entsprechend ist Teamfähigkeit eine der Stärken dieser Generation. Sie brachen mit vorgegebenen Regeln und suchten neue Werte wie Mitbestimmung, Fairness, Gleichberechtigung, auch in der Arbeitswelt. Dort wird ihnen eine ausgeprägte Arbeits-, Dienstleistungs- und Kundenorientierung attestiert. Nach Jahren wirtschaftlicher Stabilität erlebten Sie auch wirtschaftliche Einbrüche (Rezession in den 90-er-Jahren, Finanzkrise etc.) Trotzdem sind sie meist optimistisch geblieben. Ihr Leitsatz:

We are the World – we are the Children – wir waren immer (zu) viele!

Konfliktpotenzial: Von der Nachkriegsgeneration werden die Babyboomer als überheblich, masslos und risikosuchend beschrieben. Die Generation X fühlt sich von der Omnipräsenz der Babyboomer erschlagen und in der eigenen Karriere blockiert.

Generation X (1965 – 1980)

Sie sind trotz steigender Scheidungsraten und Berufstätigkeit beider Eltern noch recht behütet und in wirtschaftlicher Stabilität aufgewachsen (Generation der Sorglosen, Floppy Disc, Erasmus). Mit einem sehr guten Schulabschluss und einigen Auslandaufenthalten in der Tasche erlebten die Älteren dieser Generation nach einem steilen Karriereanstieg dann drohende Arbeitslosigkeit, ausgelöst durch die Finanzkrise (2008/2009). Ihre Arbeitswelt ist geprägt von Liberalisierungen und Globalisierung der Märkte verbunden mit einem rasanten technologischen Wandel wie auch Dezentralisierung der Strukturen und Abflachung der Hierarchien. Sie entwickelten einen selbstverständlichen Umgang mit neuen Medien und flexiblen Umgang mit informellen Strukturen. Wohlstand und finanzielle Sicherheit sind wichtige Werte dieser Generation. Bis zur späten Familiengründung zeigen sie grossen Ehrgeiz und sind bereit, vieles für ihr persönliches Vorankommen in Kauf zu nehmen. Frauen haben selbstverständlich einen Beruf, als Mütter jedoch wird die Vereinbarkeit von Karriere und Familie noch als grosse Herausforderung beschrieben. Männer dieser Generation gestalten ihre Vaterrolle anders, als sie selbst es als Sohn erlebt haben. Die optimale

Vereinbarkeit von Familie und Beruf beschäftigt sie intensiv. Dadurch manövrieren sie sich oft in Überforderungssituationen. Ihr Leitsatz:

Mach niemals einfach das, was dir ein Erwachsener sagt!

Konfliktpotenzial: Die Nachkriegsgeneration hält die Generation X für lust- und konsumorientiert sowie verwöhnt. Die Babyboomer hingegen halten sie für unpolitische Karrieristen, Besserwisser und als ihre Konkurrenten (die an ihren Stühlen sägen). Manchmal wird unbewusst auch Neid empfunden gegenüber den heutigen Chancen zur Vereinbarkeit von Beruf und Familie durch flexible Arbeitszeitmodelle, Homeoffice etc.

Generation Y (1981 -1994)

Diese Generation (auch Millenials genannt) ist von fürsorglichen Eltern grossgezogen worden, sie führen ein gut strukturiertes und äusserst viel beschäftigtes Leben, das mit Aktivitäten und geplanten Events ausgefüllt ist. Mit diesem Elan machen sie noch den grössten Workaholics unter den Babyboomern Konkurrenz. Sie schätzen ihre Familie und bleiben eng mit ihr verbunden. Sie durften schon in früher Jugend vieles selber entscheiden und sind mit der Familie viel gereist. Ein Teil von ihnen kennt die halbe Welt. Sie sind auf der Suche nach der ganz persönlichen Work-Life-Balance. Wenn die Arbeit Vergnügen macht, arbeiten sie gerne rund um die Uhr. Das Thema Beruf und Karriere leben die Frauen der Generation Y auf individuelle Art, ohne sich dem Strom männlicher Mitbewerber und Verhaltensweisen anzupassen. Sie sind zwar bereits mit dem Internet und E-Mail schreiben aufgewachsen, dies aber meist mit einem fest installierten Rechner, mit SMS auf dem Handy und dergleichen. Heute bewegen sie sich sicher auf dem Smartphone und in den sozialen Medien, kennen aber auch noch handgeschriebene Briefe aus ihrer Jugendzeit. Wenn Menschen dieser Generation der Arbeitsplatz nicht gefällt, suchen sie meist sofort einen neuen. Sie sind mit ständigen Unsicherheiten aufgewachsen und haben daher nicht ein so starkes Bedürfnis nach finanzieller Sicherheit. Sie leben mit der Gewissheit, dass es immer irgendwie weitergehen wird. Ihr Leitsatz:

Wir müssen nicht mitmachen und wenn doch, dann nur zu unseren Bedingungen!

Konfliktpotenzial: Babyboomer halten die Y-er für flatterhafte Wesen, denen alles zur Verfügung steht, die per Facebook fremdgesteuert werden und wenig sichtbaren Hunger nach Erfolg zeigen. In Ihrer Forderung nach stetiger Entwicklung und klarer

Kommunikation werden sie schnell als masslos und «zu sehr von sich überzeugt» eingeschätzt, die das Ethos von «erst die Arbeit und dann das Vergnügen» einfach auf den Kopf stellen.

Generation Z (1995 - 2009)[4]

Diese jungen Leute sind die ersten, die mit dem Smartphone aufgewachsen sind oder immer noch aufwachsen (Generation Smartphone, Cyberkids, Digital Natives). Die ersten von Ihnen haben vor wenigen Jahren ihre berufliche Laufbahn gestartet. Für sie ist der Alltag ohne Smartphone und soziale Medien nicht mehr wegzudenken. Ihr Verhalten unterscheidet sich manchmal stark von demjenigen älterer Menschen, was Arbeitgeber zum Teil vor grosse Herausforderungen stellt. Viele von ihnen möchten nur noch Teilzeit, zumindest teilweise im Homeoffice und nicht mehr 100% arbeiten. Den jungen Leuten sind Entspannung, Familie und Partnerschaft wichtiger, als alle Energie für Geld und Karriere einzusetzen. In diesem Zusammenhang machen sich Wirtschaftsfachleute bereits Sorgen und fragen sich, ob die heutigen Rentensysteme unter diesen Bedingungen später überhaupt noch finanzierbar sind.

Im Gegensatz zur Generation Y, die auch noch ein Leben ohne Smartphone kannten, organisieren sie ihr Leben komplett digital, seien dies Einkäufe über online-Plattformen, Dating Apps zum Kennenlernen möglicher Partner*innen oder jegliche Art von Kommunikation über die sozialen Medien.

Der beste Weg, die Generation Z für etwas zu begeistern ist, ihr Freiraum zu geben und sie an Zielsetzungen zu beteiligen, wobei sie ihre Lösungen dazu selber entwickeln möchten. Auch möchten sie, dass man ihnen zuhört und sie unterstützt, wo sie sich überfordert fühlen. Bei der Arbeit reicht es ihnen nicht, einmal im Jahr ein Mitarbeitergespräch mit dem/der Vorgesetzten zu erhalten. Sie erwarten kontinuierlich Feedback und Austausch sowie Coaching durch ihre Vorgesetzten, falls sie bei einer Problemstellung selber nicht weiterkommen. Bekommen sie diese Unterstützung nicht, sind sie imstande, die Arbeitsstelle von heute auf morgen zu verlassen, auch wenn sie noch keinen neuen Job gefunden haben.

Generation Alpha/α (2010 – 2024)

Ab hier werden die Generationen mit griechischen Buchstaben bezeichnet. Ab 2025 folgt die Generation β (Beta) usw.

---

[4] Diverse Quellen: 20 minuten 2022, https://simon-schnetzer.com

Überprüfung der persönlichen Zufriedenheit mit der aktuellen Lebenssituation

Die Liste von Generationen und ihren Typologien zeigt auf, wie unterschiedlich Werte von Gruppen von Menschen geprägt sind. Daher sind unterschiedliche Werte auch immer eine mögliche Ursache von Missverständnissen und Konflikten.

Zentral ist dabei, dass jeder Mensch ein Recht auf seine eigenen Wertvorstellungen hat. Allerdings braucht es dazu auch seine Bereitschaft, die Konsequenzen daraus zu tragen. Am wohlsten fühlt sich eine Person, wenn das Leben den eigenen Wertvorstellungen entsprechend gestaltet werden kann. Jemand, der sich ständig den Vorstellungen anderer Menschen anpasst, möglicherweise aus Angst, fremden Erwartungen nicht zu genügen oder sein Leben nicht gut zu meistern, kann davon krank werden. Anzeichen dafür in der heutigen Zeit sind neben körperlichen Leiden und Krankheiten die ständige Zunahme von Burnout-Erkrankungen oder Erschöpfungsdepressionen. Die heutige Arbeitswelt ist geprägt von ständigem Wandel und Unsicherheit und verlangt viel ab von den Menschen. Umso wichtiger scheint es, immer mal wieder eine persönliche Standortbestimmung vorzunehmen und zu schauen, wie zufrieden man mit dem eigenen Leben ist und was man daran allenfalls verändern möchte.

Vielleicht hilft Ihnen der folgende Text dabei: Das Schild auf dem Foto habe ich auf einer Wanderung in den Bergen vor einem Restaurant fotografiert. Das Restaurant gehört einem Rentnerpaar, das sein Lokal nur noch an wenigen Nachmittagen pro Woche öffnet und an diesen der Kundschaft Kaffee und selbstgebackene Kuchen anbietet, weil ihnen das Freude macht.

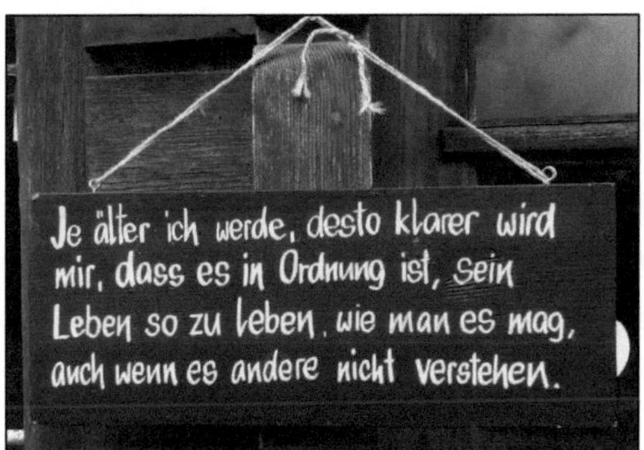

Abbildung 5 Lebensweisheit

4 Wünsche und Visionen

Nicht jeder Mensch kann auf Anhieb sagen, was er/sie sich im Moment wünscht oder was man gerne erreichen möchte. Vielleicht ist jemand auch ganz zufrieden mit seiner aktuellen Situation und wünscht sich, dass es noch möglichst lange so bleibt. Forschungen haben bewiesen, dass Menschen nahezu alles erreichen können, wenn sie etwas wirklich wollen. Wirklich wollen hängt oft zusammen mit einem intensiven persönlichen Interesse, mit Gefühlen, die man dazu hat und wenn etwas für jemanden hochgradig Sinn macht. Manchmal geraten Interessen, Wünsche oder Ziele jedoch in Vergessenheit, oft weil die Anforderungen, die das Leben an einen stellt, mit vielen Sachzwängen verbunden sind. Deshalb sollten Sie sich zwischendurch Zeit nehmen, solche, vielleicht in Vergessenheit geratene Gedanken, wieder aus der Versenkung hervorzuholen.

Eine Möglichkeit, dies zu tun, besteht darin, sich auf eine Phantasiereise zu begeben. In meinen Workshops wird eine solche von mir angeleitet. Die Teilnehmenden setzen sich dazu bequem hin, entspannen sich und schliessen, wenn sie möchten, die Augen. Nachfolgend finden Sie einen Text, der Sie auf diese Reise führt. Lassen Sie sich den Text von jemandem vorlesen oder nehmen Sie ihn selber auf ein Medium auf und spielen Sie ihn in einem Moment ab, in welchem Sie genug freie Zeit haben, und lassen Ihren Gedanken freien Lauf.

Anleitung Phantasiereise: Suche nach Wünschen und Träumen

Wichtig für den/die Vorleser*in:

Ganz langsam und entspannt sprechen, damit der/die «Reisende» Zeit hat, ihre Gedanken schweifen zu lassen. Machen Sie viele Sprechpausen, auf jeden Fall nach jedem Satzende. Erwähnen Sie keine konkreten Orte, Gegenstände oder Objekte, Sie wissen nicht, wo die Menschen, die zuhören, in ihren Gedanken sich gerade befinden. Wenn man konkrete Dinge erwähnt, fallen die Leute aus der Trance, falls das, was man sagt, nicht zu ihren Gedanken passt. Fragen stellen ist am besten.

Nachfolgend ein Beispieltext für eine solche Phantasiereise:

Setz dich bequem hin, leg alles weg und entspanne dich einfach. Nimm ein paar tiefe Atemzüge und lass alles, was dich jetzt beschäftigt los. Wenn du möchtest, kannst du die Augen schliessen. Stell dir dann in Gedanken dein eigenes Leben vor, vielleicht als Band oder als Weg, irgendwo hier im Raum. Schau wo du jetzt stehst, bis hierher bist du gekommen in deinem Leben. Wo ist das genau, wo du jetzt stehst, wer gehört auch noch dazu, was ist dir im Moment wichtig in deinem Leben? Pause

Gehe dann mit deiner Aufmerksamkeit auf dem Weg oder dem Band entlang langsam zurück und bleib bei einem wichtigen beruflichen Ereignis aus der jüngeren Vergangenheit stehen. Was war das genau? Was hast du damals gemacht? Was war dir dabei wichtig? Pause

Geh dann langsam weiter zurück in eine Zeit, als du noch jünger warst, vielleicht ein paar Jahre nach dem Ende deiner Berufsausbildung. Was war da deine Rolle/Funktion? Wie hast du das gemacht? Was war dir hierbei wichtig? Pause

Dann lass auch dieses Ereignis hinter dir und geh noch weiter zurück in eine Zeit, als du noch ein Teenager warst. Wo war das genau? Mit welchen Menschen warst du da zusammen? Was hast du damals gern gemacht oder dich womit beschäftigt? Was hat dich damals interessiert? Wenn jemand dich damals gefragt hat «was willst du werden, wenn du gross bist?», was hast du geantwortet? Erinnere dich an einen wichtigen Wunsch oder Traum von dir in der damaligen Zeit. Pause

Was war das für ein Traum? Oder welche Wünsche hattest Du zu dieser Zeit? Wie hast du dir damals dein Leben als erwachsene Person vorgestellt? Welchen Beruf hättest du gerne erlernt? Was fandest du so spannend daran? Was war dir dabei besonders wichtig?

Verabschiede dich nun langsam von dieser Zeit und gehe in Gedanken langsam wieder vorwärts in deinem Leben. Was hast du schliesslich als Erstberuf erlernt und wie hat sich das weiterentwickelt? Pause

Was genau tust du heute beruflich? Was hat deine heutige berufliche Tätigkeit eventuell mit deinen Wünschen von früher zu tun? Gibt es vielleicht Gemeinsamkeiten? Oder ist von deinen Träumen von damals auch heute etwas offen, was du in Zukunft noch verwirklichen möchtest? Pause

Wenn ja, was wäre das ganz genau? Geh ein wenig weiter in die Zukunft und stell dir vor, wie es wäre, wenn du das schon erreicht hättest. Was genau siehst du da? Kannst du vielleicht etwas hören? Wie fühlst du dich dabei? Vielleicht gibt es dazu sogar einen Geruch oder einen Geschmack? Pause

Gibt es für diesen Zustand vielleicht ein Bild, ein Symbol oder eine Figur, die das verkörpert? Nimm das ganz in dich auf. Pause

Komm dann in deinem Tempo mit der Aufmerksamkeit wieder zurück in diesen Raum.

Öffne deine Augen, strecke und räkle dich, stehe langsam auf und bewege deinen Körper etwas. Falls dir ein Bild oder ein Symbol für deinen Wunsch eingefallen ist, möchtest du es jetzt vielleicht malen? (Farbstifte und Papier bereithalten).

Ende der Phantasiereise

Falls Sie sich selber auf diese Suche nach noch offenen Wünschen und Träumen begeben und Ihre Erfahrungen in einem Bild festgehalten haben, hängen Sie es danach gut sichtbar an einem Ort in Ihrem Zuhause auf, wo Sie sich gerne aufhalten. Das Bild kann Sie in Ihrem Neuorientierungsprozess unterstützen.

Erinnerungen an die Zukunft

Mit den Gedanken, welche Ihnen bei der Phantasiereise zurück in Ihre Jugendzeit gekommen sind, können Sie nun weiterarbeiten. Dazu finden Sie nachfolgend ein paar Fragen, die Ihnen dabei weiterhelfen können. Schreiben Sie Ihre Antworten auf die leeren Zeilen unter der jeweiligen Frage.

Fragen

Welcher Beruf war Ihr «Traumberuf» als Kind (mit ca. 12 – 15 Jahren)? Was haben Sie Sie geantwortet, wenn Sie in diesem Alter von jemandem danach gefragt wurden?

....

Warum wollten Sie unbedingt diesen Beruf ergreifen? Was genau faszinierte Sie daran oder was erschien Ihnen dabei wichtig? Welche Werte waren damit verbunden?

....

....

....

....

Was ist aus diesem Berufswunsch geworden? Haben Sie diesen Beruf erlernt und üben Sie ihn heute noch aus? Skizzieren Sie hier bitte kurz Ihre Berufsbiographie. Welchen Beruf haben Sie wirklich erlernt? Wie hat sich Ihr Berufsleben im Lauf der Jahre weiterentwickelt?

....

....

....

....

....

....

....

Was hat Ihr heutiger Beruf mit Ihrem ursprünglichen Berufswunsch gemeinsam? Zum besseren Verständnis dieser Frage nenne ich Ihnen dazu ein mögliches Beispiel:

Ein Mädchen wollte als Kind Lokomotivführerin werden. Heute ist sie Erwachsenenbildnerin. Sie wollte als Kind Menschen sicher von A nach B bringen und die Technik der Eisenbahn faszinierte sie. Als Erwachsenenbildnerin bringt sie auch Menschen von A nach B, nämlich indem sie sie darin unterstützt, ein Lernziel zu erreichen. Ihre Technikfaszination lebt sie in der Freizeit aus in einem Verein, der sich um Oldtimer Autos kümmert.

....

....

....

....

Was wollten Sie als Kind sonst noch tun oder unternehmen «wenn Sie gross sind»? Was davon haben Sie verwirklicht und was nicht?

………

………

………

………

………

Die Wünsche aus der Kindheit, von denen Sie sich schon verabschiedet haben, sind sie für Sie wirklich abgehakt oder haben Sie das nur notgedrungen getan? Sind Sie zufrieden mit Ihren Entscheiden oder möchten Sie allenfalls irgendwelche Ideen noch einmal weiterverfolgen? Wenn ja, welche?

………

………

………

………

Welche Wünsche oder Ziele aus Ihrer Jugend sind heute auf jeden Fall noch offen? Was wäre das genau? Gibt es Wünsche, die Sie unbedingt noch realisieren möchten und wenn ja, warum?

………

………

………

....

....

Bei den folgenden Fragen geht es um Ihre heutigen Interessen

Womit beschäftigen Sie sich aktuell gerne und warum?

....

....

....

....

Was an Ihrem Leben gefällt Ihnen besonders gut im Moment und wovon hätten Sie gerne mehr?

....

....

....

Welche Wünsche oder Veränderungsabsichten beschäftigen Sie heute?

....

....

....

Was möchten Sie vielleicht gerne noch lernen oder ausprobieren?

....

....

....

....

«Erst die Möglichkeit, einen Traum zu verwirklichen,
macht unser Leben lebenswert.» [5]

Warum man noch offene Wünsche und Träume nicht aufschieben sollte

Schon oft haben mir Menschen erzählt, welche Pläne und Projekte sie nach der Pensionierung anpacken und realisieren möchten. Dies gelingt aber leider nicht immer. Unerwartete Dinge können immer geschehen, auch die eigene Gesundheit kann uns, je älter wir werden, dabei unverhofft einen Strich durch die Rechnung machen. Der Arzt und Autor Ruediger Dahlke meint daher zu Recht in einem seiner Bücher[6]:

«Wer die Lebensmitte überschritten hat – was biologisch gesehen mit einundfünfzig der Fall ist –, sollte sich seiner Endlichkeit auf Erden stärker bewusst werden......Es gibt nur eine Zeit, zu leben beziehungsweise damit anzufangen, und nur einen Ort, wo das möglich ist, nämlich im Hier und Jetzt....»

Allerdings gibt es Menschen, denen es nicht leichtfällt, sich mit eigenen Wünschen zu befassen. Grund dafür könnten Glaubenssätze aus frühester Kindheit sein, die einem heute nicht mehr bewusst, die jedoch tief in unserer Seele verankert sind wie z.B.

- Erst die Arbeit – dann das Vergnügen
- Nur harte Arbeit ist gute Arbeit

[5] Zitat aus „Der Alchimist" von Paulo Coelho , 1999, Diogenes Verlag, Zürich
[6] Ruediger Dahlke, Die Liste vor der Kiste, 2020, Terzium Verlag, Allschwil (Schweiz)

- Ich muss erst schauen, dass es allen anderen gut geht, bevor ich mir selber etwas gönnen kann
- Ich werde von meinem Umfeld nur geliebt oder akzeptiert, wenn ich mich im Leben anstrenge
- Und so weiter...

Solche Glaubenssätze können einem das Leben unendlich schwer machen. Aber wenn man erst einmal gemerkt hat, dass man einen solchen Glaubenssatz verinnerlicht hat, ist es möglich, ihn zu verabschieden und durch einen neuen zu ersetzen. Man muss sich nur aktiv dafür entscheiden.

Auch ich selber hatte in jüngeren Jahren meine liebe Mühe mit einigen solcher Glaubenssätze. Ein Arbeitskollege gab mir eines Tages den Rat, mir doch seinen Lebensgrundsatz zu eigen zu machen, welcher mich sofort überzeugte:

Ich bin nicht auf dieser Welt, um so zu sein, wie andere mich haben wollen!

Probieren Sie es doch einfach aus. Mit diesem Motto fällt es Ihnen vielleicht nicht mehr so schwer, sich mit eigenen Wünschen oder Träumen zu befassen und entsprechende Entscheidungen für eine erfolgreiche Umsetzung zu treffen. Am besten erstellen Sie sich eine Liste aller noch offenen Themen oder Aktivitäten, die Sie dann entsprechend ihrer Wichtigkeit nach und nach mit viel Spass und Freude in die Tat umsetzen können.

Dazu brauchen Sie vielleicht mehr Zeit, als Ihnen heute neben Arbeit, Familie und Freizeit zur Verfügung steht. Es kann sein, dass Sie Ihr Leben daher etwas umorganisieren möchten. In den folgenden Kapiteln werden Sie erfahren, wie Sie ein solches Projekt erfolgreich und möglichst in Einklang mit Ihrem Umfeld realisieren.

Erfolg beginnt im Kopf, mit eigenen Gedanken

Seien Sie wenn immer möglich vollkommen ehrlich zu sich selbst. Man kann sich nichts vormachen. Was Sie insgeheim denken, wird eines Tages Realität! Sie können sich bei dem, was Sie tun, noch so viel Mühe geben. Wenn Sie davon nicht überzeugt sind, wird kein Plan funktionieren. Wenn jedoch das, was Sie denken, mit Ihrem Verhalten übereinstimmt, werden Sie das erreichen, was Sie anstreben. Die beiden folgenden Zitate sind nicht nur leere Worte, sondern entsprechen Tatsachen.

«Wenn man etwas ganz fest will, dann setzt sich das ganze Universum dafür ein, dass man es auch erreicht.»

«Niemand muss das Unbekannte fürchten, weil jeder Mensch das erreichen kann, was er will und was er braucht.» [7]

Überlegen Sie selbst, ob es in Ihrer Vergangenheit Beispiele gibt, von Wünschen, die zuerst nur als Ideen vorhanden waren, sich später jedoch realisierten. Schreiben Sie diese Erinnerungen auf. Vielleicht kommen Ihnen auch negative Beispiele in den Sinn, von Absichten, die letztlich nie realisiert wurden, wahrscheinlich, weil Sie dies gar nie unbedingt wollten. Notieren Sie sich die positiven Beispiele zur Unterstützung bei der Arbeit an Ihrem jetzigen Projekt.

Ihre bisher erfolgreich realisierten Vorhaben

....

....

....

Entscheidungen treffen

Damit ein langgehegter Wunsch in Erfüllung gehen kann, muss man sich aktiv dazu entscheiden, diesen Traum realisieren zu wollen. Solche Entscheidungen fallen nicht allen Menschen gleich leicht.

Manche sehen schwierige Situationen eher negativ (Sichtweise: das Glas ist halb leer), andere wiederum begreifen Herausforderungen im Leben als Chancen, die es, auch wenn es schwierig ist, wahrzunehmen gilt (Sichtweise: das Glas ist halb voll).

Personen, die in einer schwierigen Situation immer noch Handlungsmöglichkeiten für sich erkennen und selbstbestimmt ihren Weg gehen, werden von anderen, die sowas nicht so gut können, oft beneidet. Diese anderen fühlen sich manchmal unentrinnbar in ihre Verpflichtungen gegenüber der eigenen Familie oder anderen Umständen in ihrem Umfeld verstrickt, unfähig zur Veränderung. So ist jemand schnell einmal zu einem moralischen Urteil bereit, wenn in einer langjährigen, scheinbar guten Beziehung, der eine Partner sich jemand anderem zuwendet und die Partnerschaft aufkündigt. Anstatt zu sagen: «Dazu würde mir der Mut fehlen» oder «eigentlich möchte ich das auch gern, traue mich aber nicht», versteckt man sich lieber hinter einer Wertung wie «sowas tut man einfach nicht nach so vielen Jahren» und fühlt sich danach in

---

[7] Zitate aus „Der Alchimist" von Paulo Coelho, 1999, Diogenes Verlag, Zürich

seiner Opferrolle wieder etwas besser mit dem Resultat, dass sich die eigene, als schwierig empfundene Situation nicht ändert.

Wenn Sie mit einer Situation in Ihrem Leben unzufrieden sind, können nur Sie selbst dies ändern. Dazu müssen Sie sich aktiv entscheiden und ins Handeln gelangen. Reinhard K. Sprenger[8], ein Autor von Managementbüchern sagt: «Die eigentliche Quelle Ihres Glücks sind Sie selber, nicht Ihre Lebensumstände». Er nennt dafür drei mögliche Handlungsstrategien:

1. Ändern statt ärgern

Wenn Sie Ihre aktuelle Lebenssituation aufgrund Ihrer Wertvorstellungen als mangelhaft empfinden, sind in erster Linie Sie es, die das so wahrnehmen. Die Hoffnung, dass andere daran für Sie etwas ändern werden, ist meist vergeblich. Tun Sie selber etwas! Denken Sie gründlich darüber nach, wählen Sie für sich selber andere Handlungsstrategien um Umgang mit dem Problem. Wenn Sie immer dasselbe tun, was Sie bisher schon getan haben, werden Sie auch immer wieder dasselbe Resultat erhalten. Wenn Sie zum Beispiel unzufrieden sind in Ihrem Beruf, weil Ihnen Vieles zu anstrengend wird, Sie sich überlastet und müde fühlen oder ähnlich, sollten Sie überlegen, was Sie daran ändern könnten. Wäre ev. eine Reduktion des Arbeitspensums etwas für Sie oder eine Versetzung in eine andere Abteilung? Was auch immer eine Möglichkeit wäre, Sie müssten den ersten Schritt tun: Einerseits darüber nachdenken und danach das Gespräch suchen mit der Personalabteilung oder Ihrem/Ihrer Vorgesetzten.

2. Das Unglück verlassen

Falls Sie nun denken, Sie hätten gemäss Punkt 1 (etwas verändern) schon alles versucht und nichts davon habe etwas gebracht, so bleibt eine zweite Handlungsmöglichkeit: Verlassen Sie die unglückliche Situation! Im Beispiel von oben wäre eine mögliche Lösung die Suche nach einer neuen Stelle. Personen der Generation Z denken in so einem Fall nicht lange darüber nach, sondern kündigen die aktuelle Stelle per sofort, auch wenn sie noch keine neue gefunden haben. Ältere Generationen sind dabei eher auf Sicherheit bedacht und suchen erst eine neue Stelle bevor sie die alte kündigen. Die jungen Menschen hingegen sind in den letzten zwanzig Jahren mit dauernden Unsicherheiten aufgewachsen. Sie fürchten sich deshalb nicht davor und wissen, dass es im Leben immer irgendwie weitergeht.

---

[8] Reinhard K. Sprenger, Die Entscheidung liegt bei Dir! Wege aus der alltäglichen Unzufriedenheit, 2004 Campus Verlag GmbH, Frankfurt a.M.

3. Die Situation akzeptieren

Wenn auch die zweite Variante aus irgendwelchen Gründen nicht funktionieren sollte, dann ändern Sie wenigstens Ihre Einstellung dazu. Akzeptieren Sie die Situation, die Sie weder ändern noch verlassen können, so wie sie ist und mit allen Konsequenzen. Hören Sie auf zu kämpfen. Immer nur das im Blick zu haben, was fehlt (das Glas ist halb leer), beschert uns nur schlechte Gefühle und eine grosse Unzufriedenheit. Dies wiederum kann die Beziehungen zu den Menschen, die wir lieben, vergiften. Im schlimmsten Fall manifestiert sich seelische Unzufriedenheit nach Jahren des Aushaltens in körperlichen Krankheiten wie Krebs, Burnout, Depression, Herzinfarkt oder anderen gesundheitlichen Leiden. Sagen Sie deshalb bewusst Ja zu einer solchen Situation und ändern Sie dort etwas, wo es möglich ist. Im obigen Beispiel vom anstrengenden Beruf könnte das sein, dass Sie sich im Privatleben etwas mehr Ruhe gönnen. Seien Sie nicht immer die oder der Erste, der zu Hilfe rennt, wenn in der Familie jemand diese braucht. Oder geben Sie ein allfälliges ehrenamtliches Mandat ab. Dadurch gewinnen Sie Zeit und etwas mehr Ruhe für sich.

Ändern Sie eine allfällige bisherige Opferhaltung in eine solche der aktiven Selbstbestimmung. Übernehmen Sie Verantwortung für sich selbst. Was Ihnen in einer unzufriedenen Situation am meisten hilft, ist nicht sehnsüchtiges Warten (vielleicht über Jahre) auf die Pensionierung. Tun Sie etwas dagegen, so wie die Engländer zu sagen pflegen:

Love it	(liebe es)
Leave it	(verlasse es)
Change it	(ändere es)

Akzeptieren Sie bewusst Dinge, die Sie nicht ändern können, verlassen Sie eine Situation, die Ihnen nicht behagt oder ändern Sie sie. Es macht überhaupt keinen Sinn, sich über Dinge aufzuregen, die man nicht ändern kann. Bleiben Sie gelassen und konzentrieren Sie sich auf Themen, bei welchen Sie eigenverantwortlich eine Veränderung bewirken können oder die Sie einfach hinter sich lassen können, wenn Sie eine entsprechende Entscheidung treffen. So handeln Sie eigenverantwortlich und selbstbestimmt und müssen sich daher auch nicht mehr als Opfer von jemandem oder einer Situation fühlen. In einem guten seelischen Zustand kann man seine Ziele schneller und einfacher erreichen als in einem schlechten Zustand. Nur wer gut für sich selber sorgen kann, kann sich auch gut um andere Menschen kümmern.

Mit einer solchen Haltung gelingt es Ihnen besser, die Voraussetzungen 2 und 3 auf der Liste für ein gelungenes Leben aus eigener Kraft zu schaffen.

Wenn ich gross bin, fahre ich übers Meer ...(Geschichte von Pia)

Pia, 59 Jahre, gelernte Verkäuferin und alleinstehend, lernte ich in einem meiner Seminare kennen. Sie arbeitete bis vor einem Jahr im administrativen Bereich eines kleinen Familienunternehmens in ihrer Wohngemeinde. Da auch dieses in den vergangenen Jahren nicht von Veränderungen verschont geblieben war und Gerüchte über «Umstrukturierungen» bei den Mitarbeitenden die Runde machten, wollte Pia nicht warten, bis sie eines Tages das Kündigungsschreiben bekam. Da Sie schon längere Zeit mit einem potenziellen Arbeitgeber im Ausland in Kontakt stand, nutzte sie die Gelegenheit, kündigte kurzerhand Ihren Arbeitsvertrag und reiste für ein halbes Jahr nach Kanada, um die näheren Umstände für ein zukünftiges Leben auf dem amerikanischen Kontinent selber vor Ort abzuklären.

Schon als Kind hatte Pia auf die Frage, was Sie einmal werden wolle, wenn sie gross ist, geantwortet: «Ich gehe weg und fahre übers Meer!» Dieser Wunsch geriet allerdings mit der Zeit etwas in Vergessenheit. Nach Abschluss ihrer Berufslehre arbeitete Pia zunächst im Lehrbetrieb weiter. Zufällig stiess ihre Freundin in einer Zeitschrift auf einen Artikel, in welchem ausgebildete Berufsleute gesucht wurden, die bereit waren, nach Kanada auszuwandern. Innert fünf Minuten, nachdem sie einen Prospekt mit Informationen für potenzielle Auswanderer gelesen hatte, wusste Pia «das ist es, was ich in meinen Kinderträumen schon immer wollte». Das Fernweh brach mit Gewalt wieder hervor und ihre Gedanken kreisten von da an nur noch um Kanada. Die beiden Frauen entschlossen sich schnell, diese Chance wahrzunehmen und packten nach kurzen Formalitäten, in denen sie sich lediglich verpflichten mussten, mindestens zwei Jahre in Kanada zu bleiben, ihre Koffer. Mit dem Schiff fuhren die beiden damals 21-Jährigen über den Atlantik und gelangten nach Vancouver, wo sie sich mit verschiedensten Jobs über Wasser hielten. Pia arbeitete zunächst in einem medizinischen Labor und danach in einer Autowerkstatt, wo sie Lackschäden an Autos in Schwerstarbeit von Hand wegschmirgeln musste. Später fand sie eine Anstellung in einer Druckerei, wo Dollarnoten hergestellt wurden. Es folgten Tätigkeiten in einem Warenhaus als Verkäuferin und danach in einer Autowaschanlage, einem hektischen aber relativ gut bezahlten Job, der Pia sehr gefiel.

Pia blieb fast zweieinhalb Jahre in Kanada. Die Freiheit, selbst über ihr Leben zu bestimmen, entsprach einem tiefen inneren Wunsch, den sie erst weit weg von zuhause verwirklichen konnte. Sie liebte die weiten Landschaften, den Wind, das Meer und die unkomplizierten und freundlichen Menschen ihrer Wahlheimat. Sie erinnert sich noch heute an diese Zeit, als wäre es erst gestern gewesen. Auf die Frage, warum sie denn überhaupt in die Schweiz zurückgekehrt sei, antwortete sie: «Weil ich eine folgsame

Tochter war». Nach zwei Jahren fanden nämlich Ihre Eltern, dass es nun an der Zeit sei, nach Hause zu kommen und ein «ordentliches» Leben zu beginnen. Pia fügte sich diesem Wunsch und kehrte zurück, wo sie zunächst wieder eine Stelle in ihrem alten Lehrbetrieb antrat. Es folgten weitere Stellen in anderen Unternehmen und Pia übernahm vermehrt Tätigkeiten im administrativen Bereich von Firmen, so dass sie heute auch über ein umfangreiches, kaufmännisches Wissen verfügt. Neben ihrer beruflichen Tätigkeit hat sie ihre Mutter und später auch eine Bekannte mehrere Jahre bis zu deren Tod gepflegt.

Danach flog sie nach Jahrzehnten zum ersten Mal wieder nach Kanada, um alte Bekannte zu besuchen, mit denen sie den Kontakt die ganze Zeit über aufrechterhalten hatte. Als sie dort ankam, wurde sie überwältigt von einem Gefühl des «nach Hause Kommens» und von da an stand für sie fest, dass sie über kurz oder lang nach Kanada auswandern würde, um den Rest ihres Lebens dort zu verbringen. Nach drei Wochen Ferien kehrte sie zurück in die Schweiz und begann, ihre Pläne zu konkretisieren, die sie nach weiteren vier Jahren schliesslich dazu bewogen, das bestehende Arbeitsverhältnis aufzulösen.

Während des folgenden halben Jahres, das Pia in Kanada verbrachte, um die Rahmenbedingungen für einen definitiven Transfer abzuklären, zeigte sich allerdings, dass die Aufnahmebedingungen im Auswanderungsland nicht mehr so einfach zu erfüllen sind wie vor über dreissig Jahren. Die kanadischen Behörden verlangen heute Einsicht in die persönlichen finanziellen Angelegenheiten von Immigranten. Es bestehen hohe Auflagen in Sachen Vermögensreserven, um zu gewährleisten, dass Einwanderer nicht schon nach kurzer Zeit den dortigen sozialen Einrichtungen zur Last fallen. Als Alternative bei mangelnder eigener finanzieller Reserve genügt auch der Nachweis einer Anstellung für mehrere Jahre bei einem dortigen Arbeitgeber. Pia verfügt über kein eigenes Vermögen, deshalb kam für sie nur die zweite Variante in Frage. Da ihre Kontaktperson in Kanada jedoch erst am Aufbauen einer Firma war, konnte diese ihr bisher noch keine definitive Zusage für eine Arbeitsstelle erteilen, was die wesentlichste Rahmenbedingung für dieses Projekt darstellte.

So kehrte Pia nach Ablauf ihres Touristenvisums mit entsprechenden Informationen und Erfahrungen im Gepäck vorerst wieder in die Schweiz zurück. Hier blieb ihr nichts anderes übrig, als sich bei der Arbeitslosenversicherung anzumelden. Sie ist froh, dass sie Taggelder von der Versicherung bekommt und zuversichtlich, dass ihr Auswanderungsprojekt in einem zweiten Anlauf gelingt. Sie nimmt jede Arbeit an, die sie finden kann und der sie sich gewachsen fühlt, auch wenn es sich «nur» um eine befristete resp. stellvertretende oder auch ihren Kenntnissen entsprechend wenig qualifizierte Stelle handelt. Einige ihrer Vorfahren seien Zigeuner gewesen, und von diesen habe sie ein Abenteurerherz geerbt, erzählt Pia. Sie fühle sich heute wie ein Teenager und es gehe ihr sehr gut. Der absolute Wille, ihren Jugendtraum zu verwirklichen und die Gewissheit, dass ihr dies über kurz oder lang auch gelingt, liefern Pia die Kraft, ihrem Ziel trotz schwieriger gewordener Umstände jeden Tag einen Schritt näher zu kommen.

5 Ziele festlegen

Die Bedeutung von Zielen

Wir leben heute in einer wirtschaftlich und politisch hektischen Zeit, welche durch konstante Veränderungen gekennzeichnet ist. Nichts ist mehr wie früher, alte Wertvorstellungen vermögen kein Fundament mehr zu geben und die Anforderungen an den einzelnen Menschen werden immer höher. Anpassungsvermögen und Flexibilität sind gefragte Eigenschaften und viele versuchen, den äusseren Gegebenheiten so gut wie möglich gerecht zu werden. Oftmals resultieren daraus jedoch Stress, Fremdbestimmtheit und Überforderung.

Was die meisten Menschen in ihrem Leben anstreben ist, etwas zu tun oder sich für etwas einzusetzen, was ihrer Anschauung nach Sinn macht, wofür es sich lohnt, zu leben oder seine Kräfte einzusetzen. Es spielt dabei keine Rolle, in welchem Lebensbereich ein Ziel angestrebt und verwirklicht wird, ausschlaggebend für jeden einzelnen ist dabei das *Gefühl,* das man dabei empfindet. Dieses Gefühl ist das Messinstrument, welches sehr klare Informationen darüber liefert, ob man mit seiner Art zu leben zufrieden ist oder nicht. Schwierig wird es erst, wenn das Resultat dieser inneren Prüfung der eigenen Lebenssituation negativ ausfällt. Diesem Umstand kann nicht nur mit zusätzlichem Fachwissen oder kurzfristigen Massnahmen begegnet werden. Das Gefühl steht vielmehr in direktem Zusammenhang mit den Erfahrungen und Wertvorstellungen des betreffenden Menschen und auch damit, wer er seiner Meinung nach ist, was er im Leben anstrebt und warum.

Die Wissenschaft hat herausgefunden, dass Menschen in der Regel nur das erreichen, was sie wirklich interessiert und was sie unbedingt wollen. Niemand kann von aussen und gegen seinen Willen dazu motiviert werden, etwas zu tun oder anzustreben, was er im Grunde seines Herzens gar nicht will.

Die Liste Ihrer Wünsche aus dem vorhergehenden Kapitel reicht daher noch nicht aus, um diese zu verwirklichen. Ein Wunschtraum ist möglicherweise noch etwas vage formuliert oder ist eher eine Vision, vielleicht ein Bild oder ein Gefühl. Gefühle sind oft sehr schwierig zu formulieren. Ein weiterer wichtiger Schritt ist es daher, aus einem Wunsch, ein konkretes Ziel herzuleiten. Manche Ihrer Träume brauchen eventuell sogar mehrere Teilschritte oder Zwischenziele, um sie schliesslich realisieren zu können

Beim Zuknöpfen einer Jacke ist es wichtig, den ersten Knopf mit dem richtigen Knopfloch zu schliessen, sonst stimmt am Schluss das Ergebnis nicht. Es von Anfang an richtig zu machen, ist auch im Zielsetzungsprozess ein Grundsatz, den es zu beachten gilt. Passen Sie deshalb auf, dass Sie bei der Zielsetzung das «richtige erste Knopfloch erwischen. Die folgenden Teilschritte werden Ihnen dabei helfen.

Ziele richtig formulieren

Damit ein Ziel attraktiv genug ist, um es wirklich erreichen zu wollen, muss es möglichst konkret und messbar formuliert sein. Das heisst auch, sich von unrealistischen Wunschträumen zu verabschieden und sich Ergebnissen und Beziehungen zuzuwenden, die man persönlich will und die einen weiterbringen. Motivierende Ziele sind so beschaffen, dass man sich von dem, was man erreichen will, eine konkrete Vorstellung machen kann. Je genauer diese Vorstellung ist, desto besser kann man erkennen, welche Massnahmen für die Zielerreichung zu ergreifen sind. Dazu ist es notwendig, den Unterschied zwischen einem genauen und ungenauen Ziel zu kennen:

Ungenaues Ziel: Ich will besser auf meine Gesundheit achten. (Was genau heisst hier «besser»?)

Genaues Ziel: Ab Morgen werde ich pro Woche dreimal joggen und täglich eine gesunde und ausgewogene» Mahlzeit zu mir nehmen.

Ein genaues Ziel unterscheidet sich von einem ungenauen dadurch, dass man genau beschreibt, was man tun oder wie man etwas im erreichten Endzustand haben will. Zudem stellt man sich ein Ziel immer im erreichten Endzustand vor, zusammen mit dem angenehmen Gefühl, es «geschafft» zu haben. Denkt man dabei schon an mögliche Aufwände, die davor geleistet werden müssen, verhindert dies oft die erfolgreiche Realisierung.

Konkrete gedankliche Vorstellungen des erreichten Zielzustands im Voraus nennt man «mentales Zieltraining». Erfolgreiche Spitzensportler nutzen dieses Phänomen schon seit langer Zeit und haben dessen hohe Wirksamkeit mehrfach nachgewiesen. Sie stellen sich vor, wie sie als erste das Ziel erreichen und wie sie sich fühlen nach einem gewonnenen Wettkampf (und nicht wie sie mühsam über 50 Hürden springen), was den Erfolg in der Realität begünstigt.

Ziele sollten messbar und terminiert sein

Messbar heisst mit genauen Angaben über wie viel von etwas, wie gross etwas sein soll oder wie oft etwas stattfindet.

Terminiert heisst, Sie formulieren einen exakten Zeitrahmen, bis wann das Ziel erreicht sein soll.

Vergleiche oder unspezifische Aussagen haben in einer Zielformulierung nichts verloren, ebenso wenig negativ formulierte Sätze. (Z.B. Ich will nicht mehr...)

Beispiele für messbare und mit einem genauen Zeitrahmen versehene Ziele sind:

- Ab sofort erstelle ich jeweils am Freitag vor Arbeitsschluss einen Einsatzplan für die kommende Arbeitswoche.
- Bei der nächsten Parteiversammlung im Oktober stelle ich mich für die Wahl in den Gemeinderat zur Verfügung.
- Am Ende des Monats habe ich alles verfügbare Informationsmaterial über die ausgeschriebene Weiterbildungsveranstaltung eingeholt und gelesen.

Diese möglichst präzisen Angaben liefern die Messkriterien, anhand welcher man feststellen kann, ob und wann genau das Ziel erreicht worden ist oder nicht. Am Schluss jedes Projekts werden die Ergebnisse mit den gesetzten Zielen verglichen, und nur, wenn die Ziele entsprechend formuliert wurden, merkt man, wann sie erreicht sind.

Ein Ziel darf nicht fremdbestimmt sein!

Bei allen Zielen, die Sie sich setzen, ist es wichtig, dass die erfolgreiche Zielerreichung einzig und allein in Ihren Händen liegt. Zielsetzungen, bei welchen es von äusseren Umständen abhängt, ob sie erreicht werden können oder nicht, sind fremdbestimmt und somit keine echten Ziele. Fremde Einflüsse können in diesem Fall die erfolgreiche Zielerreichung verhindern. Es entscheiden z.B. immer andere darüber, ob man eine Lohnerhöhung erhält oder nicht, deshalb ist die Lohnerhöhung kein Ziel, das man aus eigener Kraft erreichen kann. Wenn Sie mehr Lohn haben möchten, so könnte eine Weiterbildung ein Ziel sein, das, wenn es erreicht ist, dazu führt, dass Sie anspruchsvollere Aufgaben übernehmen, welche zu einer Veränderung des Lohns führen.

Prozess der Zieldefinition (Vorgehen)

Abbildung 6 Prozess der Zieldefinition

Eine umfassende Zieldefinition besteht aus sechs Teilschritten.

1. Konkrete Zielformulierung

   Ein Ziel sollte ganz konkret, positiv und eindeutig formuliert sein, d.h. was genau sein wird, wenn Sie das Ziel erfolgreich verwirklicht haben. In der Zielformulierung sollten keine Wörter wie «besser», «weniger», «nicht», «mehr» (Vergleiche, Negationen) vorkommen!

   Beispiel: Ab 1. Oktober arbeite ich noch 80% (anstelle von 100%)

2. Zielrahmenbedingungen

   Hier geht es um einen ersten Schritt auf dem Weg zu Ihrem Ziel, den Sie selber tun können. Es ist wichtig, dass hier nichts festgehalten wird, was von äusseren Umständen abhängig ist, welche Sie selber nicht beeinflussen können. Frage: Was werden Sie als erstes selber tun, um das Ziel zu erreichen?

3. Umfeld

   Ein weiteres Kriterium ist das Umfeld (Kontext), welches zum Zielzustand dazugehört, wenn Sie das Ziel erreicht haben. Frage: Wo und wann wird der Zielzustand stattfinden und mit wem? Wenn es im Umfeld bei der Zielerreichung Kriterien gibt, die eine erfolgreiche Zielerreichung verhindern und Sie sich dessen nicht schon zu Beginn bewusst sind, wird die Realisierung nicht klappen. Indem Sie sich schon bei der Zielformulierung dazu Gedanken machen, können Sie Ihr Vorgehen so steuern, dass dies möglichst nicht passiert.

4. Merkmale

   Beschreiben Sie nun die konkreten sinnlichen Wahrnehmungen, welche im Zielzustand gemacht werden können. Frage: Was genau werden Sie sehen, hören, fühlen, riechen oder schmecken, wenn Sie Ihr Ziel erreicht haben?

5. Nebeneffekte

   Wenn wir ein Ziel erreichen, bewirkt das eine Veränderung des bisherigen Zustands. Das heisst, unser Leben, unsere Tätigkeit, unser Umfeld etc. werden dadurch beeinflusst und daraus ergeben sich in jedem Fall irgendwelche Konsequenzen. Es ist einfacher, sich mit solchen Konsequenzen schon während der Planung auseinander zu setzen, als am Schluss von Ihnen überrascht zu werden.

6. Kontrolle/Messkriterien

   Als letztes bestimmen Sie konkrete Testkriterien, anhand derer Sie feststellen können, dass Sie das Ziel erreicht haben. Dies sollten nachvollziehbare und messbare Fakten sein im Gegensatz zu den weiter oben genannten Merkmalen mit den Sinneswahrnehmungen und Gefühlen. Frage: Woran können Sie feststellen, dass Sie Ihr Ziel erreicht haben? Das könnte z.B. ein neuer oder ein abgeänderter Arbeitsvertrag sein.

Formulieren Sie ein eigenes Ziel

Nun versuchen Sie es am besten einmal selbst. Nehmen Sie eine Idee oder einen Wunsch, den oder die Sie sich bei den Fragen zum Thema «Erinnerungen an die Zukunft» notiert haben und beantworten Sie dazu die folgenden Fragen. Noch besser geht das, wenn Ihnen eine zweite Person die Fragen stellt und Ihre Antworten dazu aufschreibt. So können Sie sich ganz auf die Inhalte konzentrieren und müssen nicht auch noch selber alles aufschreiben. Am Ende erhalten Sie die für Sie ausgefüllte Liste von der Person, die Sie dabei begleitet.

Fragen zu den einzelnen Teilschritten:

Konkrete Zielformulierung

Nehmen Sie die Notizen zu Ihren Wünschen und Träumen und wählen Sie daraus eine berufliche Veränderung als Ziel, das Sie gerne möglichst bald realisieren möchten. Bitte beschreiben Sie dieses Ziel positiv und möglichst genau in der Ich-Form und im erreichten Endzustand:

....

....

Ziel-Rahmenbedingungen, Realisierbarkeit:

Wie viel Zeit möchte ich für meine berufliche Tätigkeit investieren (in %)?

....

In welcher Region (regional, national, international) soll meine berufliche Tätigkeit stattfinden?

....

Wie viel Arbeitsweg bin ich bereit in Kauf zu nehmen (km, oder Std./Reisezeit)

....

....

Werde ich für den Arbeitsweg öffentliche oder ein privates Verkehrsmittel benutzen? Welches?

....

....

Welche Rahmenbedingungen muss ich sonst noch beachten (Familie, Gesundheit, etc.), die ich selber nicht verändern kann?

....

....

....

Was ist mir wichtig (Werte) und wie kann ich überprüfen, ob sie erfüllt sind?

....

....

....

Welche Fähigkeiten, Stärken, Ressourcen von mir sollen bei der beruflichen Tätigkeit unbedingt zum Zug kommen?

....

....

....

Was möchte ich noch lernen oder was brauche ich zusätzlich noch an Fähigkeiten oder Know-how, damit ich mein Ziel erreiche?

....

....

....

In welcher Form wünsche ich mir meine berufliche Tätigkeit? (angestellt mit unbefristeter/befristeter Stelle, selbständig erwerbend, teilzeitangestellt, etc.)

....

....

Wie viel monatliches Einkommen möchte/muss ich mit der beruflichen Arbeit selber mindestens erwirtschaften?

....

Termin, Ort, Auswirkungen auf das Umfeld:

Bis wann und wo genau will ich mein Ziel erreicht haben? ....

....

Wer wird von der Zielerreichung mit betroffen sein und in welcher Form?

....

....

....

....

Merkmale der Zielerreichung:

Woran genau werde ich merken, dass ich das Ziel erreicht habe? Was werde ich selber oder werden andere in diesem Moment wahrnehmen können?

....

....

Was genau werde ich hören, wenn ich mein Ziel erreicht habe? Was werden andere sagen oder was sage ich vielleicht innerlich zu mir selbst?

....

....

Wie werde ich mich selber fühlen, wenn ich das Ziel erreicht habe?

....

....

Gibt es noch weitere Sinneseindrücke, die für die Zielerreichung charakteristisch sind wie z.B. einen Geruch oder einen Geschmack?

....

....

Nebeneffekte und Konsequenzen:

Was werden positive Auswirkungen für mich und ev. meine Familie sein, wenn ich mein Ziel erreicht habe?

....

....

Worauf werde ich ev. verzichten müssen, wenn ich mein Ziel erreicht habe oder wovon werde ich Abschied nehmen müssen?

....

....

Was muss unbedingt so bleiben wie es ist, auch wenn ich mein Ziel erreiche?

....

....

Wenn ich mein Ziel jetzt schon erreicht hätte, was wäre dann im Moment anders?

....

....

....

Kontrolle der Zielerreichung:

Woran werde ich merken, dass ich das Ziel erreicht habe (konkret messbare Fakten im Gegensatz zu Sinneswahrnehmungen bei den Merkmalen)

....

....

....

Unterstützung bei der Zielformulierung

Falls es Ihnen am Anfang schwierig vorkommt, diese Fragen zur Zielfindung zu beantworten, könnte Folgendes hilfreich sein:

Erinnern Sie sich an ein früheres Ziel in Ihrem Leben, welches Sie erfolgreich verwirklicht haben. Überlegen Sie danach, wie Sie das der Reihe nach gemacht haben. Wie sind Sie vorgegangen? Welche eigenen Stärken und Fähigkeiten haben Ihnen dabei geholfen? Wer oder was hat Sie bei der Umsetzung unterstützt? Wie könnten Sie dies alles für Ihr jetziges Ziel nutzen?

Eine weitere Möglichkeit ist es, sich für diesen Prozess Unterstützung zu suchen in Form einer Beratung oder eines Coachings.

6 Finanzielle Rahmenbedingungen

Bevor man jedoch weitergehen und nach möglichen Lösungen zur Zielerreichung suchen kann, ist es hilfreich, die finanziellen Rahmenbedingungen näher anzuschauen. Geld macht nicht glücklich, aber ein wenig Geld braucht jeder und jede zum Überleben.

Wenn Sie eine Veränderung Ihrer Lebensumstände anstreben, egal in welchem Alter, lohnt es sich, zuerst Fragen nach dem persönlichen finanziellen Bedarf zu klären. Es kann durchaus sein, dass Sie mit über 50 Jahren weniger Geld benötigen als früher. Vielleicht sind Ihre Kinder nun aus dem Haus und brauchen keine finanzielle Unterstützung mehr von den Eltern. Falls Sie anstehende Wünsche verwirklichen möchten, brauchen Sie dafür auch genügend Zeit. Vielleicht wäre eine Reduktion des Arbeitspensums dabei eine Möglichkeit. Allerdings ist dies auch mit einer Reduktion des monatlichen Einkommens und damit auch der zu erwartenden Altersrente verbunden. Bevor Sie deshalb mit Ihrem Arbeitgeber darüber sprechen, ist es naheliegend, ein Jahresbudget aufzustellen.

Beispiel eines Budgets bzw. Liquiditätsplans

Ein Liquiditätsplan zeigt auf, wie sich die monatlichen Einnahmen und Ausgaben während eines Jahres entwickeln und ob am Ende des Monats ein Überschuss an Geld vorhanden oder allenfalls mit einer Unterdeckung zu rechnen ist. Je früher ein solcher Liquiditätsplan erstellt wird, umso eher kann man finanzielle Engpässe im Voraus erkennen und Gegenmassnahmen ergreifen. Die Tabelle auf der nächsten Seite zeigt einen Ausschnitt aus einem solchen Finanz- bzw. Liquiditätsplan.

In diesen Plan werden die monatlichen Ausgaben und Einnahmen eingetragen. Wenn er vollständig ausgefüllt ist, wird der Geldbestand am Ende jeden Monats angezeigt. Falls es Monate mit einer Unterdeckung gibt (mehr Ausgaben als Einnahmen und nicht genügend Anfangsbestand am Jahresanfang), ist zu überlegen, wie das Problem möglichst frühzeitig gelöst werden kann. Generell ist in Umbruchsituationen davon abzuraten, sich zu verschulden. Finanzielle Ängste führen zudem dazu, dass man sich kaum auf die Planung von etwas Neuem konzentrieren kann.

Es geht somit darum herauszufinden, wieviel regelmässiges Einkommen Sie noch erwirtschaften müssen, um so leben zu können, wie Sie sich das wünschen.

Am besten erstellen Sie ein solches Budget und überprüfen und passen es regelmässig an. Eine Excelvorlage dazu können Sie von meiner Homepage herunterladen[9] oder mittels einer E-Mail[10] an mich anfordern.

Kostenarten	Jahresbudget	Monatsbudget	Januar	Februar	März	April	Mai	Juni
Saldo Vormonat				0.00	0.00	0.00	0.00	0.00
Miete	0.00	0.00						
Heizung	0.00	0.00						
Strom	0.00	0.00						
Total Mietkosten	**0.00**	**0.00**	**0.00**	**0.00**	**0.00**	**0.00**	**0.00**	**0.00**
Hypozins/Amortisation	0.00	0.00						
Heizung/Heizwartung	0.00	0.00						
Kaminfeger	0.00	0.00						
Wasser, Abwasser, Kehricht	0.00	0.00						
Gebäudeversicherung	0.00	0.00						
Liegenschaftssteuer	0.00	0.00						
Unterhalt, Reparaturen, Haus, Garten	0.00	0.00						
Strom, Gas	0.00	0.00						
Total Eigenheimkosten	**0.00**	**0.00**	**0.00**	**0.00**	**0.00**	**0.00**	**0.00**	**0.00**

Abbildung 7 Ausschnitt Liquiditätsplan, Anfang

Person 4 persönliche Auslagen								
Kleider, Wäsche, Schuhe	0.00	0.00						
Taschengeld, Coiffeur, Freizeit, Rauchen	0.00	0.00						
Berufsauslagen, auswärtige Verpflegung	0.00	0.00						
Total pers. Auslagen Person 4	**0.00**	**0.00**	**0.00**	**0.00**	**0.00**	**0.00**	**0.00**	**0.00**
Total Kosten	**0.00**	**0.00**	**0.00**	**0.00**	**0.00**	**0.00**	**0.00**	**0.00**
Einnahmen								
Lohn 1	0.00	0.00						
Lohn 2	0.00	0.00						
Alimente	0.00	0.00						
Renten	0.00	0.00						
ALV-Taggeld	0.00	0.00						
sonstige Einnahmen	0.00	0.00						
Total Einnahmen	**0.00**	**0.00**	**0.00**	**0.00**	**0.00**	**0.00**	**0.00**	**0.00**
Saldo Einnahmen/Ausgaben pro Monat	**0.00**	**0.00**	**0.00**	**0.00**	**0.00**	**0.00**	**0.00**	**0.00**
Schlussbestand Ende Monat			**0.00**	**0.00**	**0.00**	**0.00**	**0.00**	**0.00**

Abbildung 8 Ausschnitt Liquiditätsplan Ende

[9] https://www.shogai.ch/178/download
[10] marianne.herbst@shogai.ch

Wichtige Fragen

- Wie hoch muss mein regelmässiges monatliches Einkommen in Zukunft mindestens sein, damit die anfallenden Kosten gedeckt sind?
- Was genau verstehe ich selber unter «finanzieller Sicherheit»?
- Was bedeutet «Lebensqualität» für mich in finanzieller Hinsicht?
- Worauf bin ich gerne bereit zu verzichten, damit ich meine Wünsche und Träume realisieren kann?
- Wie hoch wird meine zu erwartende Rente nach der Pensionierung sein und wie würde sich eine Reduktion des Arbeitspensums auf die Rente auswirken?

Sollten Sie damit allein nicht zurechtkommen, ist es auch möglich, sich finanziell beraten zu lassen. Gerne gebe ich hierzu individuell weitere Auskünfte. Oft bietet die eigene Bank einen solchen Service an. Im Weiteren gibt es zumindest in der Schweiz Budgetberatungsstellen, die gegen eine geringe Gebühr Finanzberatung anbieten.

Warum ein «Plan B» hilfreich ist

Finanzielle Unsicherheit kann einen Menschen lähmen und ihn/sie daran hindern, sich aktiv Gedanken zur Realisierung von Zukunftsträumen zu machen. Es kann daher von Nutzen sein, sich einen Plan B zurechtzulegen, wie man auch mit einem minimalen Budget einige Zeit über die Runden kommen könnte.

Dazu hat mir eine Seminarteilnehmerin einmal folgende Geschichte erzählt:

Barbara, so hiess die Frau, begann erst nach ihrem 50. Geburtstag, sich ernsthaft Gedanken zu ihrer finanziellen Zukunftssituation zu machen. Sie war bisher meistens selbständig erwerbend gewesen, hatte zwar regelmässig in die obligatorische Altersvorsorge einbezahlt, aber für Einzahlungen in die «2. Säule» der Altersvorsorge[11] hatte das Geld nie gereicht. Sie stellte daher mit Schrecken fest, dass ihre monatliche Altersrente ab 65 Jahren nur gerade für die Miete und Krankenkassenprämien reichen würde, wenn sie ihre berufliche Laufbahn wie bisher bis zur Pensionierung fortsetzen würde. Daher suchte sie nach Lösungen, wie sie diese finanziell bescheidene Zukunft noch beeinflussen könnte und erstellte zudem einen Notfallplan (Plan B), sollten diese Bemühungen nicht von Erfolg gekrönt sein. Ihr Plan B sah folgendermassen aus:

In der Schweiz pachten viele Leute, die in einer Stadt wohnen, einen Schrebergarten, wo man Gemüse, Blumen oder andere Dinge anpflanzen kann. Solche Schrebergärten

---

[11] Die Altersvorsorge in der Schweiz ist in einem «3-Säulen-System» organisiert. Die 1. Säule ist die obligatorische Altersvorsorge, in welche alle erwachsenen Personen einzahlen müssen egal, ob sie berufs- oder nicht erwerbstätig sind. Die 2. Säule ist die berufliche Vorsorge. Für selbständig Erwerbende ist diese freiwillig. Die 3. Säule ist für zusätzliches und freiwilliges Alterssparen. Jeder Mensch besitzt bei jeder Säule, in die er/sie einzahlt, ein eigenes Konto. Die Höhe der Altersrenten aus den 3 Säulen hängen jeweils vom entsprechenden Kontostand darauf ab.

bestehen meist aus einem kleinen Blockhaus (1 Zimmer mit Koch- und manchmal Schlafgelegenheit) und wenigen Hektaren Land darum herum. Das Häuschen muss man selber entsprechend den eigenen Bedürfnissen einrichten. Die Schrebergärten bestehen immer aus mehreren Parzellen und sie sind nur für die Mieter*Innen zugänglich. Auch ist es nicht erlaubt, einen solchen Schrebergarten als offizielle Wohnadresse bei den Behörden anzugeben. Auch das Übernachten darin ist nicht überall gestattet. Die Mietpreise jedoch sind sehr bescheiden.

Barbara hatte sich nun überlegt, dass sie im Notfall einen solchen Schrebergarten mieten (man findet immer wieder welche, die frei werden), sich beim Einwohneramt unter der Adresse eines ihrer erwachsenen Kinder anmelden, jedoch im Schrebergarten wohnen würde. Ihre Kinder hatten ihr zuvor versichert, dass sie ihr, sollte es wirklich soweit kommen, im Winter auch ein warmes Zimmer bei ihnen zuhause zur Verfügung stellen würden. Mit diesem Plan B konnte Barbara wieder ruhiger schlafen und sich aktiv darum kümmern, wie sie ihre finanzielle Zukunft doch aufbessern könnte, was ihr innert weniger Monate anschliessend auch gelang.

Nach 25 Jahren ausschliesslich selbständig erwerbender Tätigkeit hatte sie beschlossen, sich wieder um einen 50%-Job zu bewerben in einem Tätigkeitsfeld, wo sie über gute Qualifikationen und Erfahrungen verfügte, was ihr auch gelang. Daneben konnte sie ihre Aufträge in der eigenen Firma zu 50% ebenfalls weiterführen. Die neue Anstellung, bei welcher sie noch während rund zehn Jahren tätig war, führte dazu, dass sie dort auch in die 2. Säule der Altersvorsorge einzahlen konnte, was zu der gewünschten Erhöhung ihrer Altersrente beitrug.

7 Nach möglichen Lösungen (für den Weg zum Ziel) suchen

Nachdem Sie nun ein Ziel definiert und die finanziellen Grundbedingungen geklärt haben, geht es darum, mögliche Lösungen für den Weg zu Ihrem Ziel zu finden (gemäss den in Kap. 2 beschriebenen Phasen im Veränderungsprozess). Es ist immer sinnvoll, sich mindestens zwei bis drei mögliche Lösungswege zu überlegen und dann den geeignetsten davon auszuwählen.

Der 1. Schritt: Informationen beschaffen

Ganz wichtig ist dabei, einen allerersten Schritt selber zu unternehmen. Ein solcher könnte darin bestehen, dass Sie sich Informationen zu Ihrem Ziel besorgen.

Falls Sie sich beruflich verändern und die Stelle wechseln möchten, könnten Sie im Internet die Homepages von Firmen anschauen, bei welchen Sie gerne einmal arbeiten möchten. Achten Sie dabei auf die Werte der Firmen. Solche sind meist im Teil «Über uns» zu finden. Manchmal wird das heute auch «Purpose» oder etwas veraltet «Leitbild» genannt. Ganz wichtig: Überprüfen Sie, ob diese Werte zu Ihren eigenen passen!

Wenn Sie sich in der eigenen Firma verändern möchten, ist es wichtig, nicht einfach zu warten, bis jemand von aussen auf Sie zukommt und Ihnen eine neue Aufgabe oder Chance anbietet. Die persönliche Weiterentwicklung liegt in Ihrer eigenen Verantwortung. Überlegen Sie sich möglichst konkret, was genau Sie gerne verändern möchten und auch, was die Firma davon hat, wenn sie Sie dabei unterstützt, bevor Sie das Gespräch mit dem Arbeitgeber oder der dafür verantwortlichen Person im Betrieb suchen.

Falls Sie eine Weltreise machen möchten, gehen Sie in ein Reisebüro und beschaffen sich Informationen über die verschiedenen Möglichkeiten, wie man eine Weltreise machen könnte.

Eine ganz wichtige Möglichkeit ist es auch, möglichst vielen Menschen von Ihren Veränderungsabsichten zu erzählen. So gelangen Ihre Wünsche in die Welt hinaus und können eine Eigendynamik entwickeln z.B. indem jemand aus Ihrem Bekanntenkreis, der davon weiss, wiederum weiteren Personen davon erzählt, die unter Umständen schon lange auf der Suche sind nach jemandem wie Sie.

Die folgenden Fragen können Ihnen dabei helfen, Ihrer Lösung zur Zielerreichung näher zu kommen:

Gewünschte Veränderungen an der aktuellen Arbeitsstelle

Was genau möchte ich an meiner jetzigen Tätigkeit in der Firma verändern?

....

....

....

Was wäre dabei ein Nutzen für die Firma?

....

....

....

Was würde ich selber dazu beitragen, damit die Veränderung gelingt?

....

....

....

Was erwarte ich von meinem Arbeitgeber als Unterstützung?

....

....

....

Suche nach neuem Job: Mögliche Branchen, Firmen, Organisationen

Bei welcher Firma/Organisation könnte ich eine sinnvolle Aufgabe finden, die mich interessiert und zu welcher ich die nötigen Fähigkeiten mitbringe?

....

....

....

Warum gefällt mir gerade diese Firma? Was spricht mich an?

....

....

....

Privates Projekt, Herzensangelegenheiten

Wo könnten Sie Informationen zum privaten Vorhaben (Firmen, Internet, Orte, Anlässe/Veranstaltungen, Kurse/Seminare etc.) bekommen, die Ihnen weiterhelfen?

....

....

....

Beziehungsnetz nutzen und ausbauen

Wie komme ich zu weiteren Informationen zu meinem beruflichen oder privaten Projekt? Welche Kanäle will ich nutzen?

....

....

………

Welche Beziehungen könnte ich aktivieren (Menschen, die ich kenne und die mir bei diesen Fragen weiterhelfen könnten)?

………

………

………

Welche Massnahmen (erste Schritte) werde ich sobald wie möglich in Angriff nehmen, um weiterzukommen?

………

………

………

Persönlicher Aktions- und Massnahmenplan

Nach den vorangegangenen Überlegungen erstellen Sie am besten einen Massnahmenplan, in welchem Sie Ihre Ziele, die notwendigen Massnahmen und jeweils den ersten Schritt, den Sie selber tun müssen, um Ihrem Ziel näher zu kommen, festhalten. Ganz wichtig ist es, bei den einzelnen Massnahmen eine Priorität zu setzen wie folgt: Bewerten Sie alle aufgelisteten Aktivitäten mit A, B oder C indem Sie in der mit «Prio» bezeichneten Spalte den Buchstaben A, B oder C setzen. A-Themen sind wichtig **und** dringlich und sollten zuerst erledigt werden, danach folgen die B-Themen, diese sind entweder wichtig **oder** dringlich. C-Aktivitäten sind eher unwichtig. Entscheiden Sie bei diesen, ob sie für die Zielerreichung wirklich relevant sind oder ob Sie diese ev. auch weglassen könnten. Anschliessend versehen Sie jede Massnahme mit einem Anfangs- und Endtermin, bis wann Sie diese erledigt haben wollen.

Der Aktions- und Massnahmenplan dient dazu, stets einen Überblick über Ziele und Massnahmen sowie den Zeitablauf in Ihrem Projekt zu behalten. Vorgehen:

1. Ziel / Projekt genau formulieren. Wenn Sie mehrere Ziele haben, dann nummerieren Sie diese.
2. Jeweils den 1. Schritt benennen, den Sie selber tun müssen, um bei diesem Ziel weiterzukommen
3. Notwendige Aktionen und Massnahmen zu jedem Ziel notieren
4. Spalte Prio (Wichtigkeit) erst festlegen, wenn alle Massnahmen notiert sind
5. Beginn/Ende: Jeweils ein Datum festlegen, wann Sie mit den einzelnen Massnahmen anfangen und bis wann diese umgesetzt sein sollen
6. OK, Sie setzen ein Häkchen, wenn die Massnahme erledigt ist

Nr.	**Ziel, was ich erreichen will**	**Der erste Schritt:**	**Die Aktionen, was getan werden muss**	**Prio**	**Beginn:**	**Ende:**	**OK**
1	Ziel 1		Massnahme 1.1				
			Massnahme 1.2				
			Massnahme 1.3				
			Massnahme 1.4				
2	Ziel 2		Massnahme 2.1				
			Massnahme 2.2				

Lösungen bewerten und auswählen

Wenn Sie Ihren Massnahmenplan abgearbeitet und sich daraus mehrere Lösungsmöglichkeiten (idealerweise 2-3 Varianten) zur Erreichung Ihres Ziels herauskristallisiert haben, kommen Sie an den Punkt, wo Sie eine der gefundenen Lösungen zur Umsetzung auswählen müssen. Falls Sie Mühe haben, sich für eine Lösungsvariante zu entscheiden oder nicht genau wissen, wie Sie eine gute Entscheidung treffen sollen, empfehle ich Ihnen die Anwendung einer erprobten Entscheidungsmethode[12]. Im nächsten Abschnitt wird deshalb eine solche Methode vorgestellt.

Die bestmögliche Lösung auswählen

Wenn man von den beschriebenen Phasen im Veränderungsprozess ausgeht, folgt auf Standortbestimmung, entsprechende Zieldefinition und Suche nach Lösungen immer eine Entscheidung für die nach persönlicher Einschätzung beste Lösungsvariante. Nachfolgend wird das Instrument der Nutzwertanalyse anhand eines praktischen Beispiels vorgestellt. Jemand kommt zum Schluss, einen Wohnwagen (Anhänger kaufen zu wollen, um seinen Reisewunsch verwirklichen zu können.

Die Nutzwertanalyse

Die Nutzwertanalyse eignet sich vor allem für eine Auswahl unter gleichartigen Lösungsvarianten. Im nachfolgenden Beispiel des Kaufs eines Wohnwagen-Anhängers gibt es vier Angebotsvarianten, die den gewünschten Kriterien entsprechen. Aus den vier Varianten soll nun die beste ausgewählt werden.

Die Nutzwertanalyse eignet sich nicht für die Auswahl einer Lösungsvariante unter mehreren, komplett verschiedenen Vorgehensweisen. Wenn es ein Ziel wäre, etwas im persönlichen Leben zu verändern und mögliche Lösungen wären

- auswandern,
- den Beruf wechseln,
- umziehen.

Dafür ist die Methode nicht geeignet.

Die Nutzwertanalyse basiert auf dem Denkmodell, eine Wahl zwischen Alternativen zu treffen. Die verfügbaren Informationen werden dabei transparent und systematisch analysiert, mit dem Ziel, die Qualität der Entscheidungsfindung zu verbessern.

Das systematische Vorgehen bei der Nutzwertanalyse erfolgt in drei Schritten.

---

[12] Taschenguide Entscheidungen treffen – schnell, sicher, richtig, Matthias Nöllke, 2002, Haufe Verlag, München

1. Definition des Entscheidungsgegenstands und Festlegung von Kriterien

In unserem Beispiel soll ein Wohnwagen gekauft werden. Dabei wird nach Muss- und Wunschzielen unterschieden. Die Muss-Kriterien entscheiden, welche Lösungsvarianten überhaupt ins Spiel kommen und die Wunsch-Kriterien bestimmen, welche Möglichkeit letztlich das Rennen macht. Muss-Ziele sind obligatorische, klar messbare Mindestanforderungen. Lösungsvarianten, die die Muss-Ziele nicht erfüllen, werden sofort ausgeschieden.

Die Mussziele in diesem Fall sind folgende:

- Preis: Max. CHF 18'000 (gebrauchter Wohnwagen)
- Anzahl Schlafplätze: Mindestens vier
- Prüfung durch Motorfahrzeugkontrolle/TüV: Ist kürzlich erfolgt und bestanden

Alle anderen Kriterien (Werte **W**) sind Wunschziele. Diese müssen nicht absolut messbar sein, sie werden je nach ihrer Bedeutung mit einem Faktor zwischen 1 (wenig wichtig) und 10 (sehr wichtig) gewichtet. Wunschziele können genauso wichtig sein wie Muss-Ziele – in diesem Fall werden sie mit einem hohen Faktor gewichtet – sie können sich aber auch auf weniger wichtige Aspekte beziehen und dementsprechend gering eingestuft werden.

Die Wunschziele sind folgende:

Es kommen hier nochmals der Anschaffungspreis (Wert = 10) und die Anzahl Schlafplätze (Wert = 9), denn auch für diese sollte der Erfüllungsgrad bewertet werden. Weitere Wunschziele sind

- Ein Vorzelt sollte mit dabei sein (Wert 8)
- Eine möglichst hohe Nutzlast für das Gepäck (Wert 7)
- Das Gesamtgewicht (Leergewicht + Nutzlast) sollte möglichst tief sein (Wert 6)
- Die Gesamtlänge des Wohnwagens nicht zu lang (Wert 5)
- Beim Kauf möglichst wenige schon gefahrene km (Wert 4)
- Alter: 1. Inverkehrssetzung vor wenigen Jahren (Wert 3)
- Kein Unfallfahrzeug (Wert 3)
- Geräumige Dusch-/WC-Kabine (Wert 2)

2. Erfüllungsgrad und Bewertung der verschiedenen Varianten

Varianten, die alle Muss-Ziele erfüllen, werden in der Folge nach ihrem relativen Erfüllungsgrad der Wunschziele bewertet.

Jede Variante wird auf den Erfüllungsgrad **E** jedes Wunschzieles hin geprüft. Diejenige Lösung, welche ein Wunschziel am besten erfüllt, erhält die Wertzahl 10. Die übrigen werden in Relation zu der ersten hin bewertet (kleiner oder gleich 10). Für die endgültige Bewertung werden Gewichtung und Wertzahl miteinander multipliziert (siehe auch Tabelle mit Praxisbeispiel weiter hinten) und die Resultate innerhalb einer Variante addiert. Die Summen der Entscheidungskriterien der verschiedenen Varianten können schliesslich miteinander verglichen werden.

Normalerweise ergeben sich unterschiedliche Gesamttotale der Bewertung der verschiedenen Lösungsmöglichkeiten. Je höher das Total, desto besser eignet sich die Variante als mögliche Lösung.

C: Risikobewertung der Entscheidung

Im letzten Schritt der Entscheidungsanalyse kommen die besten Alternativen noch einmal auf den Prüfstand. Bei der Suche nach möglichen nachteiligen Auswirkungen müssen für jede dieser Alternativen mindestens folgende Fragen beantwortet werden:

- Welche wichtigen Dinge wurden in der Analyse bisher übersehen oder zu wenig beachtet?
- Worauf könnte die Lösung negative Auswirkungen haben?
- Welche sonstigen Einflüsse könnten die Umsetzung gefährden?
- Welche möglichen Veränderungen in der Zukunft könnten den langfristigen Erfolg beeinträchtigen?

Im Praxisbeispiel gibt es folgende Risiken:

Zu Variante 1

Die Länge von sieben Metern könnte beim Fahren Schwierigkeiten bereiten, mögliche Massnahme zur Risikominderung wären ein paar Fahrstunden mit dem Wohnwagen

Es gibt keine Garantiefrist auf dieses Fahrzeug

Der vorhandene Stellplatz zuhause ist zu klein. Massnahme: Man könnte ihn vergrössern lassen, was mit Umbaukosten verbunden ist.

Zu Variante 2

Die Nutzlast ist etwas gering mit 250 kg. Massnahme: Das Reisegepäck auf das Nötigste beschränken.

Die Garantie läuft nach 2 Jahren aus.

Risiken können anhand der Wahrscheinlichkeit des Eintretens und auch anhand der Tragweite des Schadens, den sie beim Eintreten anrichten, beurteilt werden (Bewertung mit hoch, mittel, niedrig für beide Grössen). Früher tendierte man dazu, Risiken mit einer geringen Wahrscheinlichkeit des Eintretens als niedrig zu beurteilen. Heute ist es eher umgekehrt: Es wird eher die Tragweite der Schäden beachtet und wenn diese hoch sind, auch bei noch so geringer Wahrscheinlichkeit des tatsächlichen Geschehens, nicht verwirklicht wie z.B. beim Bau von Atomkraftwerken.

Aufgrund des relativen Zielerfüllungsgrads und der Einschätzung potentieller Risiken wird die nach der Entscheidungsanalyse als optimal eingeschätzte Alternative ausgewählt. Im Praxisbeispiel ist dies die Variante 2, obwohl sie eine etwas niedrigere Punktzahl erreicht hat als Variante 1.

Variante 1 ist preislich zwar günstiger und hat sogar 5 Schlafplätze. Die Käuferin schätzt jedoch die Länge von sieben Metern und die fehlende Garantie in diesem Angebot als risikoreicher ein, als Variante 2. Deshalb entscheidet sie sich für Variante 2.

Bei der Nutzwertanalyse gibt es keine einzig richtige Lösungsvariante. Die Gewichtung der Kriterien und auch die Bewertung des jeweiligen Erfüllungsgrades hängt von den persönlichen Wertvorstellungen der entscheidenden Person ab. Die Methode eignet sich auch sehr gut für Entscheidungen in Gruppen von Menschen wie z.B. Arbeitsteams oder Familien. In diesem Fall müssen die Kriterien gemeinsam bestimmt und auch gemeinsam gewichtet und bewertet werden. Dies dauert in der Regel länger, als wenn nur eine einzige Person entscheidet, hat aber den Vorteil, dass die Entscheidung im Konsens getroffen wird. Dadurch entstehen weniger Konflikte, weil alle am Entscheidungsprozess mitbeteiligt waren.

Bewertung von Alternativlösungen (Nutzwertanalyse, Praxisbeispiel)

	Variante 1	Ja	Nein	Variante 2	Ja	Nein	Variante 3	Ja	Nein	Variante 4	Ja	Nein
Mussziele												
1. Anschaffungspreis max. 18'000	15'500	X		16'990	X		7'000			19'900		X
2. mind. 4 Schlafplätze	5	X		4	X		4			4	X	
3. MFK/TÜF geprüft	ja	X		ja	X		ja			ja	X	
Mussziele erfüllt?		**X**			**X**			**X**				**X**

Wunschziele	Wert W	Beschreib.	Erf. E	W*E	Beschreib.	E	W*E	Beschreib.	E	W*E	Beschreib.	E	W*E
1. Schlafplätze	10	5	10	100	4	9	90	4	9	90			
2. Anschaffungspreis	9	15'500	9	81	16'990	8	72	7'000	10	90			
3. mit Vorzelt	8	ja + Markise	10	80	ja	8	64	nein	0	0			
4. Nutzlast mögl. hoch	7	550 kg	8	56	250 kg	4	28	210 kg	3	21			
5. Gesamtgewicht tief	6	1700 kg	2	12	1100 kg	7	42	1300 kg	5	30			
6. Länge nicht zu lang	5	7m	2	10	5.9 m	5	25	4.8 m	10	50			
7. gefahrene km	4	5000 km	8	32	999 km	10	40	20'000	2	8			
8. Alter: mögl. gering	3	8 Jahre	4	12	4 Jahre	6	18	12 Jahre	2	6			
9. Unfallfahrzeug	3	nein	5	15	nein	5	15	ja	1	3			
10. Dusche/WC	2	geräumig	8	16	etwas eng	5	10	sehr eng	3	6			
Summe/Erfüllungsgrad				**398**			**394**			**298**			

Mögliche Risiken	Wahrsch.	Tragweite	Mögliche Massnahmen (Risikominderung)	Endgültiger Entscheid	
Variante 1				Anschaffung Variante 2, da kleineres	
1.Probleme wegen 7m L	n	m	Fahrschule mit neuem Wohnwagen besuchen	Risikopotenzial	
2. keine Garantie	n	h			
3. Stellplatz zuhause	m	h	Platz zuh. zu klein, Umbau nötig (Zusatzkosten)	Legende:	n=niedrig
					m=mittel
Variante 2					h=hoch
1. Nutzlast ist nicht hoch	n	n	Gepäck kann auf notwendiges beschränkt werden		
2. Garantie 2 Jahre	n	m		**Verantwortlich:**	
3. Stellplatz zuhause	n	n	zuhause genug Platz vorhanden		
				Termin bis:	

Abbildung 9 Tabelle Nutzwertanalyse

8 Falls Sie Ihren Job verloren haben

Eine ganz spezielle Situation für ältere Personen ist es, wenn die Arbeitsstelle vom Arbeitgeber gekündigt wird. Auch in der heutigen Zeit des permanenten Fachkräftemangels ist es für «Silberdisteln» manchmal schwierig, eine neue Arbeit zu finden. In der Schweiz sind die gesetzlichen Sozialabgaben der Arbeitgebenden für junge Mitarbeitende wesentlich günstiger als für deren ältere Arbeitskolleg*innen. Dies ist der Grund dafür, warum Personalverantwortliche manchmal jüngere Bewerber*innen bevorzugen. Die folgenden Abschnitte enthalten Hinweise, wie Sie sich als ältere Person im konkreten Fall erfolgreich um einen neuen Job bewerben.

Ein unerwarteter Jobverlust ist für ältere Mitarbeitende meist ein gravierendes Ereignis im Leben.

Ein Ort, an welchem Sie nie ankommen wollten (Metapher)

Stellen Sie sich vor, Sie seien unterwegs auf einer Reise. Diese Reise haben Sie vor langer Zeit sorgfältig geplant. Sie haben überlegt, was Sie auf diesem Weg brauchen werden, haben die nötigen Vorbereitungen getroffen, sich möglicherweise Fähigkeiten angeeignet, die Ihnen von Nutzen sein könnten und nun sind Sie schon eine ganze Weile unterwegs. Manche Abschnitte der bisherigen Reise waren aufregend und interessant, andere waren gemächlicher und erholsam. Unterwegs haben Sie verschiedene Leute kennen gelernt, haben Herausforderungen meistern müssen, die nicht immer einfach, jedoch zu bewältigen waren. Sie sind mit den unterschiedlichsten Verkehrsmitteln gereist, haben Pausen eingelegt und sind weitergezogen, wenn Sie das Gefühl hatten, dass es Zeit dazu war.

Vor kurzer oder längerer Zeit befanden Sie sich in einem Zug. Sie hatten dabei ein bestimmtes Ziel, wohin Sie mit dem Zug gelangen wollten. Plötzlich hielt der Zug, jemand warf Sie kurzerhand hinaus oder vielleicht sind Sie auch selber ausgestiegen. Inzwischen ist der Zug weitergefahren und Sie stehen ziemlich verunsichert, wütend oder traurig, vielleicht auch etwas neugierig in einer Gegend, wo Sie niemals ankommen wollten.

Sie fragen jemanden, der zufällig vorbeikommt, wann denn der nächste Zug von hier wegfahre. Das wisse niemand, wahrscheinlich gar keiner, bekommen Sie zur Antwort. Es sei reiner Zufall gewesen, dass der Zug, mit dem Sie selber gekommen sind, hier überhaupt gehalten habe. Warum Sie denn ausgestiegen seien, werden Sie zurück gefragt. Das sei ein sehr leichtsinniges Verhalten, erklärt die Person und lässt Sie stehen. Mit der Zeit finden Sie heraus, dass es hier einen «Chef» gibt. Alle «gestrandeten» Leute melden sich bei ihm an. Er macht eine Liste und verlangt, dass jeder sich in regelmässigen Zeitabschnitten bei ihm meldet. Zusätzlich muss man sich den über alles gewünschten Platz in einem künftigen Zug «verdienen» indem man gewisse Aufgaben an diesem Ort übernimmt und diese auch erfüllt. Manchmal kommt ein Zug vorbei, aber es werden nur so viele Personen hineingelassen, wie es freie Plätze gibt. Jüngere sind meist im Vorteil, sie sind stärker und schneller als die Älteren.

Eines Tages beschliesst einer dieser Wartenden, selber zu handeln. Er fängt an, die Gegend auszukundschaften und macht eine Bestandesaufnahme. Er nimmt sich vor, diesen schrecklichen Ort wenn nötig auch ohne fremde Hilfe zu verlassen. Bei seinen täglichen Streifzügen trifft er noch zwei andere, die ähnliche Pläne schmieden. Von da an bereiten sie ihre «Abreise» gemeinsam und wohlüberlegt vor. Sie entwickeln einen Plan, sammeln Informationen über das Gelände, legen einen Weg fest, besorgen sich das nötige Material und führen zuletzt noch eine Risikoanalyse durch, welche letzte kleine Änderungen im Plan zur Folge hat. Schliesslich verlassen sie eines Nachts heimlich mit einem selbst gebastelten Gefährt den Ort. Andere warten bis heute auf einen Platz im nächsten Zug.....

Wenn Sie diese Metapher mit Ihrer aktuellen beruflichen Situation vergleichen, finden Sie darin vielleicht gewisse Gemeinsamkeiten. Wie verhalten Sie sich in Ihrer eigenen Situation? Wahrscheinlich erfüllen Sie alle Vorschriften des Gesetzes und bewerben sich regelmässig auf ausgeschriebene Stellen. Welche anderen Möglichkeiten, wieder Arbeit zu finden, haben Sie bisher sonst noch ausprobiert? Haben Sie bereits eine Liste von Alternativen erstellt, welche Ihnen zur Verfügung stehen, falls das «normale» Verhalten nicht zum gewünschten Erfolg führt? Was genau müssten Sie überhaupt tun, um eine eigene Strategie zu entwickeln?

Es liegt in unserer menschlichen Natur, dass wir «Probleme» nicht mögen. Oft tun wir immer wieder das Gleiche, um eine unangenehme Situation so schnell wie möglich los zu werden. Es muss umgehend eine Lösung her, nur damit wir negative Begleitumstände oder unangenehme Gefühle nicht länger aushalten müssen. Nach einer Weile aber merken wir, dass das mit der Sofortlösung erreichte Resultat auch nicht dem entspricht, was wir uns eigentlich wünschen. Bei der beschriebenen Art des Vorgehens wissen wir am Anfang meistens nicht genau, was mit dem überstürzten Verhalten am Ende herauskommen wird. Oft geraten wir sogar wieder in ähnliche Sackgassen, wie wir sie schon früher erlebt haben. – Was hindert uns also daran, dieses gewohnte Muster zu durchbrechen, uns Zeit zu nehmen für eine Standortbestimmung, danach ein konkretes Ziel zu setzen, darauf aufbauend geeignete Lösungen bzw. Wege zum Erreichen des Zieles zu suchen und uns am Ende für die bestmögliche Variante zu entscheiden, die wir anschliessend umsetzen? Das mag aufwändig und umständlich klingen und bedeutet, das Geschehen zuerst zu verlangsamen. Wissenschaftliche Studien haben jedoch gezeigt, dass ein wohl überlegtes und gut vorbereitetes Vorgehen zu Resultaten von hoher Qualität und schneller zum Ziel führt als ein chaotisches. Was Sie dazu brauchen ist Mut. Mut zur Veränderung, Mut zum Loslassen, Mut, auf Ihre innere Stimme zu hören, Mut Wagnisse einzugehen und Mut, sich anders zu verhalten als bisher und als viele andere Menschen es tun. Gehen Sie deshalb auch bei der Suche nach einer neuen Stelle systematisch, nach den bisher beschriebenen Teilschritten im Veränderungsprozess vor. Die Stellensuche ist Ihr Zukunftsprojekt.

Erste Schritte nach der Kündigung

Der Verlust der Arbeitsstelle kann zu einer Lebenskrise werden, wie Trennung, Scheidung, Tod eines nahestehenden Menschen und anderen derartigen Vorkommnissen. Wenn Sie auf den Stellenverlust stark emotional reagieren, so ist dies völlig normal.

Beim Verarbeiten von Lebenskrisen durchläuft man verschiedene Phasen, die man mit einer emotionalen Berg- und Talfahrt vergleichen kann. Am Anfang fühlt man sich oft blockiert und kann keinen klaren Gedanken fassen. Später gesellen sich Wut auf die Umstände oder beteiligte Personen dazu und nach einer Weile auch Trauer über den Verlust der Arbeit oder anderer Faktoren im bisherigen beruflichen Umfeld, die einem wichtig waren. Diese Phasen dauern bei jedem Menschen unterschiedlich lang und niemand kann sie auslassen oder überspringen. Wer sie zu vermeiden oder zu verdrängen versucht, erreicht meistens nur, dass der Prozess der Verarbeitung sich verlängert. Diese Gefühle sind nötig, um die Ereignisse zu verarbeiten. Erst nach einer Weile stellt sich Akzeptanz ein, ein Zustand, in welchem man die Situation so nehmen kann, wie sie ist. Das ist der Moment, wo man merkt, dass vieles sich verändert hat und alte Strategien nicht mehr funktionieren. Man fängt an, Neues zu lernen und dadurch fühlt man sich möglicherweise verunsichert. Oder es kommen Ängste auf, die Herausforderung nicht zu schaffen. Auch das ist normal. Es kann auch sein, dass Sie selber die Situation gar nicht so schwernehmen und relativ zuversichtlich sind, Ihren Weg in eine gute Zukunft zu finden. Manchmal passiert es allerdings, dass Angehörige an Ihrer Stelle die Krise durchleben. Das könnte besonders dann vorkommen, wenn jemand von Ihnen finanziell oder emotional abhängig ist und das Gefühl hat, selber wenig zur erfolgreichen Bewältigung der Geschehnisse beitragen zu können.

Manche Menschen machen sich selber Vorwürfe, werden vielleicht krank oder versuchen, negative Gefühle mit Beruhigungs- oder Genussmitteln zu bekämpfen. Dies alles sind Folgen, die nach dem Verlust der Stelle auftreten können und viele Personen sind in der einen oder anderen Weise davon betroffen. Niemand muss sich deswegen schämen oder Vorwürfe machen, und auch nicht alle Menschen verfügen über genügend inneren Halt und Stärke, um allein mit einem derartigen Schicksalsschlag fertig zu werden. Falls Sie das Gefühl haben, es allein einfach nicht zu schaffen, oder wenn Sie sich am liebsten unter der Bettdecke verkriechen und nie wieder hervorkommen möchten, ist es empfehlenswert, die Situation mit einer neutralen Person zu besprechen. Es lohnt sich nicht, die eigene Gesundheit oder die Beziehung zum/zur Lebenspartner*in oder der Familie aufs Spiel zu setzen, nur weil man keine fremde Hilfe annehmen will. Möglicherweise kann in dieser schwierigen Zeit eine psychologische Beratung weiterhelfen, in der man lernt, mit den ungewohnten Gefühlen besser umzugehen.

Falls Sie jetzt denken, das sei nichts für Sie oder solche Beratungen seien nur etwas für Leute, die mit dem Leben nicht mehr zurecht kämen, irren Sie sich wahrscheinlich. Wenn Sie sich verletzen und die Wunde nicht selber behandeln können, gehen Sie zum Arzt. Mit dessen Hilfe und Ihrer eigenen Unterstützung wird Ihr Körper wieder gesund. Nach dem Stellenverlust sind manchmal Gefühle oder die Seele verletzt. Es gibt Fachleute, die darauf spezialisiert sind, jemanden in einer solchen Situation professionell zu unterstützen. Der Hausarzt oder die Hausärztin kann in diesem Fall weitere Informationen liefern, wie man zu entsprechenden Adressen für eine Beratung gelangt, welche unter gewissen Voraussetzungen sogar über die Krankenkasse abgerechnet werden kann.

Die erwähnte Akzeptanz der Geschehnisse stellt sich erst allmählich ein. Schmerz, Wut und Trauer lassen langsam nach, während das Interesse an zukünftigen Projekten wächst. Es entwickeln sich neue Ideen, man probiert verschiedenes aus, manches gelingt, anderes weniger. Die alten Handlungsmuster führen nicht immer zu den gewünschten Ergebnissen, deshalb müssen neue Wege gesucht werden. Dabei können auch Fehler auftreten. Dies kann eine Zeit mit grossen Unsicherheiten werden, aber man lernt kontinuierlich dazu. Es geht darum, neue Erfahrungen zu erwerben und diese ins persönliche Lebenskonzept zu integrieren. Erst wenn diese Integration stattgefunden hat, stellen sich wieder ein Gefühl von Sicherheit und die Gewissheit ein, mit kommenden Herausforderungen des Lebens gut umgehen zu können.

Es gibt dabei keinen sogenannt «richtigen» Weg für diesen Verarbeitungsprozess. Allerdings können Sie mit kleinen Dingen dazu beitragen, sich diesen Weg selber nicht noch schwieriger zu gestalten als er schon ist. Beachten Sie deshalb auch die folgenden Empfehlungen.

Sich beim Arbeitsamt anmelden

Sobald Sie wissen, dass Ihr Arbeitsvertrag gekündigt ist, sollten Sie sich umgehend beim Arbeitsamt (in der Schweiz: RAV) in Ihrer Gemeinde anmelden. Einerseits wird dort geprüft, ob die Kündigung rechtmässig erfolgte; andererseits dauert es immer eine Weile, bis die nötigen Abklärungen getroffen sind, damit die Überweisung des versicherten Taggeldes nach Ablauf der gesetzlichen Fristen veranlasst werden kann.

Manchen Menschen fällt der Gang zum Arbeitsamt sehr schwer. Jemand hat einmal zu mir gesagt, dies sei der schwärzeste Tag in seinem Leben gewesen und er habe sich so geschämt, dorthin zu gehen. Diese Haltung ist nicht angebracht. Sie haben ja nicht das Gesetz gebrochen, sondern Sie melden nur einen eingetretenen Schaden bei der Versicherung an, wofür Sie jahrelang Prämien bezahlt haben. Wenn es in Ihrer Wohnung brennt, hätten Sie bestimmt keine Bedenken, den Brandschaden bei der Haushalt- oder Gebäudeversicherung anzumelden. Die Arbeitslosenversicherung funktioniert nach dem gleichen Prinzip. Arbeitslosigkeit ist ein «Schaden», gegen den Sie versichert sind und mit Ihren Lohnabzügen dafür jahrelang Prämien einbezahlt haben. Wenn ein solches Schadenereignis bei Ihnen eingetreten ist, haben Sie Anspruch auf eine bestimmte Anzahl versicherter Taggelder. Je nach Alter sind es mehr oder weniger. Diese Taggelder, die zwar niedriger sind, als was Sie bisher verdient haben, garantieren ein regelmässiges Einkommen für die Zeit der Stellensuche genauso wie die Brandversicherung dazu da ist, verbrannte Gegenstände zu ersetzen.

Weitere Hinweise finden Sie in Merkblättern und Informationsbroschüren der Arbeitsämter sowie der zuständigen Behörden.

Geltende Rahmenbedingungen der Sozialversicherungen frühzeitig abklären

Wenn Sie Ihre Stelle verlieren, gibt es spezifische Regelungen betreffend der Fortführung von Altersvorsorge, Pensionskasse und Unfallversicherung. Es gibt u.a. die Möglichkeit, einiges davon auf freiwilliger Basis weiter zu führen[13], dabei sind die geltenden Fristen jedoch strikt einzuhalten. Wenn eine Frist abgelaufen ist, verfallen die Möglichkeiten. Erkundigen Sie sich daher umgehend, möglichst noch während der Kündigungsfrist beim eigenen Arbeitgeber oder bei einer Fachperson über die geltenden Rahmenbedingungen. Wenn Sie von der Arbeitslosenkasse oder von einer anderen Behörde Informationsmaterial erhalten, lesen Sie dieses umgehend und sehr genau durch. Wenn Sie etwas nicht verstehen, lassen Sie sich die Texte auf dem zuständigen Amt erklären. Auch von Beratern anderer Versicherungsgesellschaften erhalten Sie entsprechende Auskünfte. Sie sind in jedem Fall selber dafür verantwortlich, Ihre Rechte zu wahren. Wenn Sie aus Unachtsamkeit wichtige Dinge übersehen oder Fristen nicht einhalten, können sich für Sie grosse Nachteile ergeben, die meistens nicht mehr rückgängig gemacht werden können.

---

[13] Gilt für die Schweiz

Einen Arbeitsplatz einrichten

Wo und wie werden Sie in den kommenden Wochen und Monaten arbeiten, bis Sie wieder eine Stelle gefunden haben? Vielleicht denken Sie jetzt, was diese Frage soll, denn Sie haben ja keine Arbeit. Sie haben zwar keinen Arbeitgeber, der Ihnen für die Arbeit einen Lohn bezahlt, aber Arbeit werden Sie in Kürze mehr als genug haben. Eine Stelle zu suchen und sich zu bewerben braucht Zeit, und nur mit einem qualitativ guten «Produkt» kommen Sie entsprechend ihren Wünschen zum Ziel.

Es ist deshalb empfehlenswert, sich zuhause einen Arbeitsplatz einzurichten. Das heisst, Sie brauchen einen Ort, wo Sie ungestört arbeiten können und Ihre Sachen nicht wieder zusammenpacken müssen, wenn sonst jemand in Ihrem Haushalt essen, schlafen oder Besuch empfangen möchte. Sie brauchen auch Ablagefläche oder Stauraum für die Unterlagen, die Sie erstellen. Und Sie brauchen einen Platz, an welchem Sie sich wohl fühlen, wo Sie sich gerne aufhalten und wo Ihnen die Arbeit Spass macht. Achten Sie demnach darauf, was genau Sie brauchen, um in einem guten Zustand zu sein. Ist es wichtig, wie das «Büro» aussieht, soll es hell, farbig oder mit Pflanzen eingerichtet sein und schätzen Sie ein Bild in der Nähe, das Sie zu kreativen Gedanken anregt? Oder sind Geräusche wichtig, Hintergrundmusik oder ein Fenster, das Sie öffnen können, um die Natur zu spüren? Vielleicht wollen Sie sich aber auch einfach nur wohl fühlen, das heisst die Möbel müssen bequem und/oder ergonomisch vernünftig sein, wie z.B. ein Stehpult oder ein Stuhl mit einer guten Rückenlehne. Vielleicht haben Sie sogar einen Lieblingsduft, mit welchem Sie diesem Raum eine gute Atmosphäre verleihen können. Sie werden staunen, wie ein solchermassen überlegt eingerichtetes Büro Ihnen Freude macht.

Dabei ist es nicht nötig, viel Geld auszugeben. Vielleicht müssen Sie nur ein paar Möbel umstellen oder etwas, das sowieso schon lange im Weg ist, wegräumen. Falls Sie doch etwas brauchen sollten, einen «richtigen» Bürostuhl zum Beispiel, statten Sie doch den Brockenhäusern (Gebrauchtmöbel-Laden) in Ihrem näheren oder weiteren Umfeld einen Besuch ab. Sie glauben gar nicht, welche Schätze man dort für wenig Geld auftreiben kann. Vielleicht haben Sie noch Bilder oder Regale im Keller oder auf dem Estrich, die nun wieder von Nutzen sind.

Dies wird nun für eine Weile Ihr Arbeitsplatz sein. Sie sind im Moment Ihr eigener Auftraggeber. Je besser die Qualität und die Rahmenbedingungen an Ihrem Arbeitsplatz sind, desto besser wird auch das Endergebnis Ihrer Arbeit ausfallen.

Einen Zeitplan erstellen

Die Gefahr ist gross, dass sich Nachlässigkeit bei Ihnen einstellt, wenn Sie nicht mehr ausser Haus zur Arbeit gehen. Die möglichen Folgen sind Abnahme des Selbstwertgefühls, Verlust der Tagesstruktur, Verschieben von Aufgaben auf später und vieles mehr. Erstellen Sie deshalb einen Zeitplan. Nutzen Sie die Kalenderfunktion auf Ihrem Smartphone oder kaufen Sie wenn nötig einen Taschenkalender.

Überlegen Sie, wie Sie Ihre Tagesaktivitäten einteilen wollen. Legen Sie persönliche Arbeitszeiten fest. Daneben sollten Sie Zeit für Hausarbeit, Behördengänge, Vorstellungsgespräche sowie Hobbies und Freizeit einplanen. Vergessen Sie nicht, genügend Zeit, d.h. mindestens einen Viertel bis einen Drittel der Arbeitszeit für Unvorhergesehenes und Erholungsphasen zu reservieren. Finden Sie heraus, wie lange Sie benötigen, um die Zeitung(en) zu lesen, die Jobportale im Internet abzuklappern, Inserate zu analysieren, Bewerbungen zu schreiben etc.

Erstellen Sie eine Pendenzenliste. Erledigen Sie die unangenehmsten Dinge immer zuerst. Danach können Sie diejenigen Arbeiten noch mehr geniessen, die Ihnen Freude bereiten.

Setzen Sie sich jeden Morgen ein Tagesziel, welches Sie tatsächlich erreichen können. Kontrollieren Sie abends, ob Sie das Ziel erreicht haben. Wenn nicht, fragen Sie sich, was an Ihrer Planung noch verbessert werden kann und setzen Sie das Ergebnis dieser Überlegungen am nächsten Tag sofort um. Achten Sie darauf, die Arbeitsabläufe realistisch zu planen. Menschen haben oft die Tendenz, ihre Ziele zu hoch zu stecken und frustriert zu sein, wenn sie sie nicht erreichen. Weniger ist oft mehr!

Das persönliche Erscheinungsbild überprüfen

Ihr persönliches Auftreten ist ebenfalls ein wichtiges Kriterium für den Erfolg bei der Stellensuche. Kleiden Sie sich jederzeit so, dass Sie bei einem «zufälligen» Zusammentreffen mit einem potenziellen Arbeitgeber richtig angezogen sind und eine Stelle vom Fleck weg annehmen könnten. Sorgen Sie für eine gute Frisur und, sofern Sie Bartträger sind, für einen gepflegten solchen. Es wäre schade, wenn Ihr Erscheinungsbild, dem Sie vielleicht zu wenig Beachtung schenken, sich für Sie nachteilig auswirken würde. Ich habe einige Menschen kennen gelernt, die waren voll von kreativen Ideen oder Eigeninitiative, was leider durch ein zu nachlässiges Auftreten, einen herausgewachsenen Haarschnitt oder durch unvorteilhafte Bekleidung gar nicht zum Ausdruck kam. Ich meine damit nicht, dass Sie etwas aus sich machen müssen, was nicht zu Ihnen passt. Es ist nicht nötig die Haare zu färben, wenn Sie dies nicht wollen oder Sachen anzuziehen, in denen Sie sich nicht wohl fühlen. Jedoch sollten Sie immer das

Gefühl haben, jederzeit bereit zu sein, jemanden, der Ihnen eine Chance bietet, treffen zu können. Der erste Eindruck, den ein Mensch von Ihnen bekommt ist ein sehr wichtiger und zu über 90% bestimmen nonverbale Signale, wie Sie auf den Empfänger wirken. Das heisst, das Bild, welches Sie dem Gegenüber von sich vermitteln oder die Tonalität Ihrer Stimme hat eine ungleich grössere Wirkung als Worte, die Sie sagen. Bestimmen Sie also ganz bewusst mit, was Sie ohne Worte signalisieren wollen. Man sagt auch, man bekommt keine zweite Chance, um einen ersten Eindruck zu vermitteln! Und Sie wissen nie, wann sich zufällig die Gelegenheit dazu bietet.

Selbstmanagement: Sich selber führen

Da Sie nun in gewisser Weise Ihr eigener Chef sind, haben Sie für sich selber auch eine Führungsverantwortung. Legen Sie deshalb fest, wann Sie morgens jeweils aufstehen wollen. Es ist durchaus möglich, dass Sie, wenn die Kündigungsfrist um ist und Sie die erste Woche zuhause sind, sich erst vom vergangenen Stress erholen müssen. Das ist auch gut so. Legen Sie jedoch im Voraus fest, wie lange die Erholungsphase maximal dauern soll.

Nach Ablauf der selbst verordneten «Verschnaufpause» sollten Sie an Arbeitstagen jeden Morgen zur selben Zeit aufstehen und sich gleich verhalten wie damals, als Sie noch ausser Haus zur Arbeit gingen. Es ist nicht empfehlenswert, den ganzen Tag im Morgenmantel herumzulaufen oder das eigene Aussehen zu vernachlässigen. Der einzige Unterschied im Vergleich zu früher, als Sie noch angestellt waren, ist der, dass der «Arbeitsweg» nun kürzer ist und Sie jetzt nur in Ihr «neues Büro» gehen. Selbstverständlich können Sie alle negativen Erscheinungen, welche die alte Arbeit mit sich brachte, durch neue, bessere und gesündere Mechanismen ersetzen. Wenn Sie also ab sofort vor der Arbeit noch spazieren gehen wollen, ist dies gewiss förderlich für Ihre Gesundheit.

Halten Sie sich möglichst an Ihre eigene Planung. Dazu gehört auch ein wenig Selbstdisziplin. Allerdings ist es genau so wichtig, nicht perfektionistisch zu werden und auch nicht Übermenschliches von sich selbst zu fordern. Seien Sie ein guter, verständnisvoller Chef zu sich selbst. Überlegen Sie sich, zu welchen Tageszeiten Ihnen welche Tätigkeiten besonders liegen. Sind Sie eher ein Morgen- oder eher ein Abendmensch? Jede Person hat einen eigenen Rhythmus von Aktivitäts- und Erholungsphasen. In der Regel kann das menschliche Gehirn sich nicht länger als 20 Minuten am Stück intensiv konzentrieren. Spätestens nach neunzig Minuten braucht man eine kurze Pause. Konzentration und Erholung wechseln sich laufend ab. Nach etwa drei Stunden ist eine längere Pause nötig. Manche Menschen sind am Morgen sehr produktiv und haben am Nachmittag nochmals eine ähnlich aktive Phase. Andere wiederum brauchen bis fast am Mittag, bis Sie «warmgelaufen» sind und können danach bis in den späten Abend hinein arbeiten. Falls Sie von sich selbst nicht wissen, wie Ihr eigener Rhythmus funktioniert, beobachten Sie sich eine Weile und passen Sie anschliessend Ihren Zeitplan dem eigenen biologischen Rhythmus an. Wenn Sie mit Ihren individuellen Rahmenbedingungen im Einklang sind, gehen Ihnen die Dinge leichter von der Hand und Sie sparen wertvolle körperliche und geistige Ressourcen für wichtige Vorhaben.

Die persönliche Gesundheit sollte Ihnen ebenfalls wichtig sein. Falls gesundheitliche Probleme auftauchen und nicht nach ein paar Tagen von selbst wieder verschwinden, sollten Sie zum Arzt gehen. Es ist nicht normal, wenn Sie dauernd unter Schlafproblemen, Schmerzen, Panikattacken, Erkältungen u.a. leiden. Möglicherweise sind unbewusste Befürchtungen, es nicht zu schaffen oder Existenzängste eine Ursache davon. Als Ihr eigener Chef sind Sie auch für Ihre Gesundheit verantwortlich; nur wer gesund ist, kann seine Aufgaben erfolgreich wahrnehmen und ans Ziel kommen.

Das persönliche Beziehungsnetz pflegen und erweitern

Sofern Sie nicht schon damit angefangen haben, sollten Sie baldmöglichst Ihre Freunde, Vereinskollegen, vielleicht auch ausgewählte frühere Kunden, Lieferanten oder andere, ehemalige Geschäftskontakte über Ihre Suche nach einer neuen Stelle informieren. Die Haltung, man müsse alles alleine schaffen und «Vitamin B» zu nutzen sei unehrenhaft, sollten Sie schnellstmöglich ändern. Erfahrungsgemäss finden ältere Personen vor allem über das private oder berufliche Beziehungsnetz wieder eine Stelle. Bereits die «höhere» Anzahl der Lebensjahre in einem Bewerbungsdossier könnte bewirken, dass Ihre Erfolgschancen, zu einem Vorstellungsgespräch eingeladen zu werden, beträchtlich sinken. Wenn die entscheidende Person Sie persönlich kennt, ist diese Gefahr nicht so gross.

Wenn Sie über kein existierendes Beziehungsnetz verfügen, sollten Sie sofort anfangen, eines aufzubauen. Besuchen Sie Veranstaltungen Ihrer eigenen oder verwandter Berufsbranchen wie Tage der offenen Tür, Messen und Ausstellungen usw. Suchen Sie das Gespräch, bieten Sie sich gegebenenfalls als Aushilfe oder Vertretung in Notfällen an, wenn sich eine Möglichkeit dazu ergibt. Schliessen Sie sich mit anderen erwerbslosen Personen, die zu Ihnen passen, zusammen. Tauschen Sie sich aus und überlegen Sie, wie Sie die Stellensuche mit gemeinsamen Aktivitäten angehen könnten. Zu wissen, dass man in von einer Situation nicht allein betroffen ist, sondern diese mit anderen teilt, trägt dazu bei, dass man besser damit umgehen kann. Geteiltes Leid ist halbes Leid, sagt man.

Pendenzenliste

Weiter unten finden Sie einen Vorschlag für eine Pendenzenliste mit den in diesem Kapitel besprochenen Themen. Dazwischen hat es jeweils Raum für Ihre eigenen Teilschritte, die dazu nötig sind.

Kontrollieren Sie die Liste täglich und haken Sie die erledigten Themen ab. Ordnen und gruppieren Sie die Liste bei Bedarf neu.

Beispiel für eine Pendenzenliste

Priorität (Prio): A = wichtig **und** dringlich, B = wichtig **oder** dringlich, C = unwichtig (wie in Kapitel 7 unter persönlicher Aktions- und Massnahmenplan beschrieben)

Projekte, Aufgaben, Teilschritte	**Prio**	**Termin, Datum**	**Erle-digt**
Sich beim Arbeitsamt anmelden			
Bewerbungsunterlagen erstellen/überarbeiten			
Rahmenbedingungen Sozialversicherungen abklären			
Einen persönlichen Arbeitsplatz einrichten			

Zeit-/Terminplan erstellen			
Persönliches Erscheinungsbild			
Selbstmanagement, Gesundheit, Fitness			
Beziehungsnetz aufbauen/pflegen			
Weitere Themen			

Selbstanalyse

In einer freiwilligen oder unfreiwilligen Situation beruflicher Neuorientierung, kommt man um eine klare und ehrliche Analyse eigener Stärken und Schwächen nicht herum. Es geht dabei darum herauszufinden, welches tragfähige Voraussetzungen oder Ressourcen sind, die die Basis für eine künftige Tätigkeit bilden.

Notieren Sie daher Ihre Antworten auf die folgenden Fragen:

- Welches sind *dokumentierte Qualifikationen* wie Abschlusszeugnisse, Diplome, Zertifikate, von Ausbildung(en), Berufslehre(n), Weiterbildungen, Zusatzqualifikationen etc., die Sie während den vergangenen Jahren erworben haben?

....

....

....

- Welches sind *Fähigkeiten*, über die Sie verfügen, für die Sie jedoch keine Nachweise in Form von Diplomen oder Abschlusszeugnissen vorlegen können? Angelernte und jahrelang ausgeübte Tätigkeiten, Fähigkeiten aus dem privaten oder Freizeitbereich. Wenn Sie in Ihrer Freizeit ein ausgezeichneter Koch sind, gehört das hierhin.

....

....

....

- Über welches *Fachwissen* verfügen Sie? Notieren Sie hier alles, was Ihnen in den Sinn kommt, sowohl aus dem beruflichen wie auch privaten Bereich.

....

....

....

- Über welche speziellen *Erfahrungen* verfügen Sie (Führungserfahrung mit wie vielen unterstellten Mitarbeitenden, sonstige Erfahrung im Umgang mit Menschen, Projekterfahrung, Branchenerfahrung, technische Erfahrung, internationale Geschäftserfahrung, ev. auch militärische Auslandeinsätze, ehrenamtliche Tätigkeiten in Organisationen, Vereinen, politischen Gremien etc.). Schreiben Sie alles auf, was Ihnen in den Sinn kommt. Arbeitszeugnisse enthalten auch Hinweise auf berufliche Erfahrungen.

....

....

....

- Was betrachten Sie als Ihre hauptsächlichen *Erfolge* im Leben (Leistungen, die Ihnen gut gelungen sind, die Sie mit Freude erbrachten, bei denen Sie Spass hatten, auf die Sie stolz sind und für die Sie vielleicht auch eine Anerkennung erhalten haben, beruflich und privat)?

....

....

....

- Welche eigenen *Stärken* oder *Fähigkeiten* von Ihnen haben dazu beigetragen, dass Sie diese Erfolge erzielten (mit möglichst konkreten Daten und Fakten)?

....

....

....

- Welche *Sprachen* sprechen Sie und wie gut? (Muttersprache, Fremdsprachen, mündlich und/oder schriftlich). «Gut» und «sehr gut» oder «fliessend» beziehen sich dabei auf die Umgangssprache. «Verhandlungssicher» heisst, Sie können über fachliche Themen Ihrer Branche im üblichen Sprechtempo dieser Sprache fliessend sprechen und verhandeln.

....

....

....

- Welche *EDV/IT-Programme* kennen Sie gut oder haben Sie allenfalls Grundkenntnisse (allgemeine oder branchenspezifische)?

....

....

....

- Auch *eigene Schwächen* sollten in dieser Analyse nicht fehlen, denn je mehr Sie darüber wissen, desto einfacher wird es, an ihnen zu arbeiten oder diese wenn nötig zu umgehen. Bei einer beruflichen Entscheidung dürfen sie keinesfalls ausser Acht gelassen werden.

  Notieren Sie deshalb, welche Aspekte sich für Sie in Zukunft negativ auswirken könnten. Fehlt Ihnen z.B. eine wichtige berufliche Qualifikation oder haben Sie keine Kenntnisse in einem heute verlangten Standard-IT-Programm in Ihrer Berufsbranche? Gibt es ev. auch negative Abschnitte in Arbeitszeugnissen der letzten Jahre, welche Ihr Fortkommen behindern? Welche Misserfolge haben Sie erlebt und was hat Ihnen damals gefehlt an Fähigkeiten oder Wissen resp. Erfahrung, was den Misserfolg begünstigt hat?

....

....

....

- Was haben Sie aus Ihren Schwächen oder Misserfolgen bereits gelernt und welches sind die Schlussfolgerungen resp. neue Stärken oder Fähigkeiten, die sich daraus ergeben haben?

....

....

....

....

....

....

- Was *interessiert* Sie am meisten an einer beruflichen Tätigkeit wie z.B. Arbeit mit Menschen, technische Aufgabenstellungen, Produkte oder Dienstleistungen, Fachwissen, Einsatz für eine gute Sache usw. Es geht darum, herauszufinden, wofür Sie sich mit ganzer Kraft einsetzen möchten oder würden.

....

....

....

- Was *motiviert* Sie am meisten bei einer Tätigkeit resp. was sind für Sie ganz wichtige Aspekte (Werte) wie z.B. eigenverantwortliches Handeln und Entscheiden, gute Qualität des Produktes oder einer Dienstleistung, Einfluss auf andere, Anerkennung für Ihre Leistungen, neue Gedanken und Kreativität, Mitarbeit in einem guten Team etc. Notieren Sie 2-3 für Sie persönlich allerwichtigste Faktoren

....

....

....

- Was sind Sie für ein *Lerntyp*? Hier geht es darum herauszufinden, wie Sie mit möglichst geringem Aufwand und grösstmöglichem und nachhaltigem Effekt Neues lernen. Bei einer Neuorientierung ist Lernen ein wichtiger Faktor. Stellen Sie sich dazu zwei bis drei Lernsituationen aus Ihrer Vergangenheit vor, bei denen Sie praktisch ohne Anstrengung und mit viel Erfolg etwas Neues gelernt haben, beruflich oder privat. Gibt es bei diesen Situationen Gemeinsamkeiten? Was waren wichtige Voraussetzungen für den Lernerfolg? Oder erinnern Sie sich an eine Situation, bei welcher Ihnen das Lernen sehr schwer fiel. Was hat dort gefehlt? Kreuzen Sie an, was für Sie zentral wichtig ist beim Lernen und keinesfalls fehlen darf. Bei den meisten Personen ergibt sich eine Kombination aus zweien der vier nachfolgend genannten Möglichkeiten.

  ❒ *Lesetyp*: Ich lerne am besten, wenn ich mir das neue Wissen durch Lesen aneignen kann.

  ❒ *Hörtyp*: Ich lerne am besten, wenn mir jemand das wesentliche des neuen Wissens erklärt.

  ❒ *Sehtyp*: Ich lerne am besten, wenn das, was ich lernen soll, in Form eines Bildes veranschaulicht ist oder wenn ich bei etwas zusehen kann.

  ❒ *Selber erleben, fühlen*: Ich lerne am besten, wenn ich etwas selber tun oder ausprobieren kann.

  Für eine genaue Analyse des individuellen Lernverhaltens gibt es eine ganze Anzahl bewährter Tests, die man in der gängigen Literatur oder im Internet findet oder welche bei Bedarf im Rahmen einer persönlichen Beratung durchgeführt werden können.

- Was sollte bei Ihrer zukünftigen beruflichen Tätigkeit keinesfalls passieren? Was möchten Sie, sofern es so etwas überhaupt gibt, auf jeden Fall vermeiden?

....

....

....

- Wenn Sie im Moment, in welchem Sie dieses Buch lesen, ohne Stelle und auf Stellensuche sind, so gibt es wahrscheinlich auch Begleiterscheinungen in der Arbeitslosigkeit, die Sie positiv erleben. Welches sind für Sie solche positiven Auswirkungen und was sollte unbedingt so bleiben, wie es jetzt ist, auch wenn Sie wieder eine berufliche Aufgabe haben?

....

....

....

Selbstbild - Fremdbild

Als erstes sollten Sie die oben gestellten Fragen selber beantworten. So erhalten Sie Ihr «Selbstbild», eine Zusammenfassung darüber, wie Sie sich selber sehen und einschätzen.

Lassen Sie in einem zweiten Schritt, wenn Sie dies möchten, die Fragen in diesem Kapitel von einer anderen Person, welche Sie gut kennt und zu der Sie Vertrauen haben, für Sie beantworten. So erhalten Sie ein «Fremdbild». Es kann sein, dass diese Person noch weitere Fähigkeiten oder Talente von Ihnen kennt, die Ihnen selbst gar nicht bewusst sind. Es kann aber auch vorkommen, dass eine andere Person verschiedene Aspekte in Ihrer Selbsteinschätzung kritischer betrachtet als Sie. Vergleichen Sie Ihre eigenen mit den fremden Antworten und unterhalten Sie sich über die Faktoren, bei welchen es «Abweichungen» gibt. Versuchen Sie zu erfahren, welche konkreten Wahrnehmungen beim Gegenüber zu den unterschiedlichen Aussagen geführt haben. Man erhält nicht oft ehrliche Rückmeldungen von anderen Menschen zum eigenen Verhalten und wie wir auf andere wirken. Deshalb sind solche Hinweise sehr wertvoll und können uns den Blick öffnen für Themen, die wir selber gerne ausblenden oder die uns bisher einfach nur verborgen geblieben sind. Jeder Mensch hat seinen so genannt «blinden Fleck». So wie wir auf nahestehende Personen wirken, so können wir auch auf potenzielle Arbeitgeber bei einem Vorstellungsgespräch wirken. Wenn wir durch das Feedback die Chance erhalten, etwas zum Besseren zu verändern, sollten wir die Gelegenheit dazu nutzen.

Die individuell verschiedenen Beobachtungen, Erlebnisse oder Empfindungen miteinander zu besprechen, kann zu neuen Erkenntnissen führen. Eine von verschiedenen Personen gleichzeitig erlebte Situation wird von allen Beteiligten individuell unterschiedlich wahrgenommen. Dies passiert, weil jeder Mensch über eine eigene Art der Wahrnehmung und auch individuelle Verarbeitungsmechanismen im Beobachten und Denken verfügt. Zudem können wir aus biologischen Gründen gar nicht alles wahrnehmen, was um uns herum in jeder Minute geschieht. Wenn mehrere Menschen sich deshalb über ihre Wahrnehmungen austauschen, erhält man mehr Informationen über eine Situation, als wenn man einziger Beobachter ist.

Ergänzen Sie zum Schluss Ihre Antworten bei der Selbstanalyse mit wichtigen Erkenntnissen aus dem Feedbackgespräch.

Eigene Überzeugungen und Glaubenssätze

Überprüfen Sie Ihre Gedanken. Was sagen Sie innerlich zu sich selbst? Kennen Sie Sätze wie «Du findest wahrscheinlich keine geeignete Stelle mehr, dafür bist Du zu alt», «wir leben in einer schrecklichen Zeit», «früher war alles besser», «als Arbeitnehmer stehe ich auf der Schattenseite des Lebens» und andere? Solche Gedanken verhindern die Ausrichtung auf neue Zielsetzungen und Wege sehr effektiv. Noch wirkungsvoller sind sie, wenn Ihnen gar nicht bewusst ist, dass Sie so denken.

Wissenschaftler haben herausgefunden, dass Gedanken das individuelle Leben massgeblich beeinflussen. Was man konstant denkt, das wird sich über kurz oder lang in der eigenen Realität einstellen. Deshalb kann es hilfreich sein zu überlegen, ob und wie wir mit eigenen Gedanken zur heutigen Situation beigetragen haben: Wie oft haben Sie sich in der Vergangenheit und vor dem Stellenverlust vielleicht selber gewünscht, diesen Job nicht mehr machen zu müssen, weil sehr viel Druck auf Ihnen lastete oder das Betriebsklima sich verschlechtert hatte? Und nun ist das, was Sie sich «nur so gedacht» haben, tatsächlich Realität geworden.

Dieser Mechanismus funktioniert umgekehrt genauso gut: Damit die Neuausrichtung auch wirklich gelingt, brauchen wir unterstützende Überzeugungen wie: «Es gibt immer eine Lösung», «nichts ist unmöglich» oder «ich habe alles, was ich brauche, um ein glückliches Leben zu führen», etc. Notieren Sie sich auf den folgenden Zeilen unterstützende Überzeugungen und Glaubenssätze, die bei Ihnen ein gutes und positives Gefühl auslösen, wenn Sie daran denken:

....

....

....

....

Denken Sie jeden Tag mehrmals an diese unterstützenden Worte. Schreiben Sie diese auf, malen Sie ein Bild davon oder ein Symbol dafür, das Ihnen gefällt und hängen Sie es an einem Ort auf, wo Ihr Blick mehrmals am Tag wieder darauf fällt. Wiederholen Sie die Sätze vor dem Einschlafen und Sie werden sehen, dass diese Gedanken Sie nach und nach begleiten und sich auf Ihr Leben auswirken.

Positives Denken ist eine wichtige Grundvoraussetzung für jedes Vorhaben, das man im Leben anpackt. Analysieren Sie Ihre eigenen Denkgewohnheiten. Wenn Sie zum Schluss kommen, dass eine gesunde Zuversicht nicht zu Ihren Stärken gehört, besuchen Sie einen Weiterbildungskurs zu diesem Thema, dort treffen Sie auf andere Menschen, welche das gleiche Ziel verfolgen. Gemeinsam Neues zu lernen fällt leichter und Sie haben erst noch Spass dabei. Oder gönnen Sie sich ein Coaching zur Stärkung des positiven Denkens und Ihres Selbstwertgefühls.

Selbstvorwürfe und Schuldzuweisungen

Viele Menschen, die in den ersten zwei Dritteln des 20. Jahrhunderts geboren wurden, haben von frühester Kindheit an gelernt, dass man sich am besten an die Wünsche und Erfordernisse seiner Umwelt anpasst, damit man als liebenswertes und nützliches Mitglied dieser Gesellschaft akzeptiert wird. Diese frühe Prägung aus der Kindheit kann nach dem Stellenverlust dazu führen, dass sich Betroffene selber Vorwürfe machen. «Wenn ich nur dieses oder jenes anders gemacht hätte, mich gegen die Veränderungen weniger gewehrt oder mich nicht hätte als Sprachrohr der Schwächeren missbrauchen lassen... dann wäre vielleicht alles anders herausgekommen», sind weit verbreitete Gedanken, die jedoch niemanden weiterbringen. Schuldgefühle, etwas falsch gemacht zu haben, sind fehl am Platz. Sie haben gewiss nach bestem Wissen und Gewissen gehandelt, auch wenn sich eine von Ihnen getroffene Entscheidung im Nachhinein als falsch erwiesen hat. Wenn Sie im jetzigen Zeitpunkt anders als früher entscheiden würden, verfügen Sie heute wahrscheinlich über zusätzliche Informationen, die Ihnen damals nicht zur Verfügung standen.

Ebenfalls wenig sinnvoll ist es, sich über Dinge aufzuregen, die man selber nicht ändern kann. Die Umstrukturierung im Betrieb hat stattgefunden, Arbeitgeber haben das Recht Entscheide zu fällen, ohne Mitarbeitende um Rat fragen zu müssen, Stellen dürfen abgebaut und Abteilungen geschlossen werden. Wut auf diese Umstände ist zwar eine wichtige Phase in der Verarbeitung des Geschehenen, wenn man aber darin stecken bleibt, trägt sie einzig zur Verschwendung persönlicher Energie bei, die für die eigene Zukunftsplanung dringend benötigt wird. Solange Sie andere für Ihr «Unglück» verantwortlich machen, sind Sie kaum in der Lage, die aktuelle Situation eigenverantwortlich zu verändern.

Gehen Sie doch einfach davon aus, dass alles, was Sie für eine gute Lösung brauchen, bereits unbewusst in Ihnen selber angelegt ist. Der Zugang dazu ist im Moment vielleicht noch verborgen. Am einfachsten findet man den Weg dahin, indem man anfängt, sein Schicksal selber in die Hand zu nehmen und seine Zukunft eigenverantwortlich gestaltet. Sie müssen es nur wirklich wollen, dann wird es Ihnen auch gelingen!

Mein Marktpotenzial: Bin ich arbeitsmarktfähig?

Hier geht es um die «Wettbewerbsfähigkeit» Ihrer Kompetenzen, welche Sie auf dem Arbeitsmarkt anbieten. Arbeitsmarktfähig ist jemand, wenn sein «Angebot» an Dienstleistungen einem «Bedarf» von Kunden, in diesem Fall möglichen Arbeitgebern, auf dem Markt entspricht. Dabei geht es darum, einen Katalog zu erstellen des persönlichen Fachwissens, den Berufs- oder Lebenserfahrungen sowie Fähigkeiten im Umgang mit Menschen etc., welche man einem künftigen Arbeitgeber anbieten kann, so dass das Unternehmen, welches jemanden anstellt, dadurch einen echten *«Mehrwert»* erfährt. Alle Ressourcen und Fähigkeiten nutzen einem somit nur insofern etwas, dass in der Arbeitswelt auch eine Nachfrage danach existiert. Im Weiteren ist auch das Mengenverhältnis von Angebot und Nachfrage im Markt ausschlaggebend. Gibt es viele Anbieter (Stellensuchende) und braucht es davon nur wenige, sind die Auswahlkriterien strenger. Gibt es wenige Anbieter und viele, die die Dienstleistung wünschen, bekommt man eher eine Stelle, so wie jetzt in den Branchen, wo ein gravierender Fachkräftemangel besteht.

Arbeiten Sie deshalb die Liste Ihrer Kompetenzen und Fähigkeiten nochmals kritisch durch und bringen Sie jede Ihrer Kompetenzen mit möglichen Stellenanbietern im Arbeitsmarkt in Verbindung, die einen entsprechenden Bedarf haben könnten wie im nachfolgenden Beispiel eines stellenlosen Ingenieurs:

Mein Angebot (Stärken)	***Mögliche Abnehmer im Arbeitsmarkt***
Gelernter Beruf: Bauingenieur mit Erfahrung im Strassen- und Tunnelbau	Bund, Kantone, Ingenieurbüros
Wettbewerbssituation	Zu wenige Studienabgänger pro Jahr, viele Aufträge, viel Auswahl an möglichen Stellen in der Baubranche
Fahrausweis für schwere Baumaschinen	Baufirmen, Temporär-Büros (Alternative)
Hobby: Gärtnern mit Weiterbildung in «Bäume schneiden»	Hausverwaltungen, technischer Dienst Stadt oder Gemeinde (Alternative)
Sprachen: Muttersprache Deutsch Englisch verhandlungssicher, Französisch gut	Mögliche Arbeitsorte: Schweiz, Deutschland und Ausland weltweit Ingenieure mit Erfahrung im Tunnelbau zur Zeit im Land XY gesucht, ev. Chance für Neueinstieg, Bereitschaft zu längerem Auslandaufenthalt erforderlich.

Erstellen Sie nun eine eigene Liste gemäss obigem Beispiel.

Liste meiner Stärken und möglicher Abnehmer im Arbeitsmarkt

Mein Angebot (Stärken)	***Mögliche Abnehmer im Arbeitsmarkt***
....	....
....	....
....	....
....	....
....	....

Schwierig wird es, wenn Sie jahrelang im gleichen Betrieb gearbeitet und es versäumt haben, sich in Ihrem Beruf auf dem neuesten Stand zu halten oder Zusatzqualifikationen zu erwerben. Sie sind vielleicht gelernter Mechaniker, kennen sich aber mit der entsprechenden Software, die heute zum Standardwissen eines Mechatronikers gehört, nicht aus.

Die Zeiten, in denen man den «Beruf fürs Leben» lernte und nach dem Abschluss darin ein ganzes Berufsleben lang bis zur ordentlichen Pensionierung sein Auskommen fand, sind endgültig vorbei. Heute verliert Wissen innerhalb einer Zeitspanne von wenigen Jahren die Hälfte seines ursprünglichen Werts. Nach dieser Zeit hat sich das fachliche Knowhow in einem Bereich mindestens verdoppelt. Diese so genannte «Halbwertszeit» verkürzt sich laufend. Deshalb spricht man heute auch von der Notwendigkeit lebenslangen Lernens.

Erstellen Sie nötigenfalls eine «*Mängelliste*», sofern es bei Ihren Kompetenzen solche gibt. Welche heute zwingend verlangten Qualifikationen, Diplome oder Berufsabschlüsse fehlen Ihnen in welchen Bereichen? Daraus kann man, sofern Sie das möchten, persönliche Entwicklungspotenziale ableiten, d.h. sich in den verlangten Disziplinen entsprechend weiterbilden oder auch beschliessen, dass es sich gar nicht lohnt, Bewerbungen in gewissen Berufssparten zu platzieren, weil hier gravierende Mängel vorhanden sind. In einem solchen Fall ist es wahrscheinlich lohnender, sich auf andere Bereiche zu konzentrieren.

Es ist enorm wichtig, dass Sie sich darüber klar werden, welche Chancen sich Ihnen im heutigen Arbeitsmarkt bieten. Es macht wenig Sinn, giesskannenartig Bewerbungen zu versenden und über ebenso viele Absagen zu staunen, ohne sich Rechenschaft darüber abzulegen, ob man über die heutigen, im gewünschten Beruf geforderten Fähigkeiten verfügt und diese auch nachweisen kann. Es ist weniger schlimm, gewisse Lücken zu haben als diese nicht wahrhaben zu wollen. Verschaffen Sie sich deshalb umgehend Klarheit über Ihre persönlichen Möglichkeiten.

Mein idealer Job

Nachdem Sie diese Selbstanalyse durchgeführt haben, könnten Sie sich an eine Beschreibung Ihres Wunsch-Jobs wagen. Dazu können Sie ebenfalls das am Anfang des Buches vorgestellte Modell der logischen Ebenen verwenden. Auf der nächsten Seite finden Sie die Ebenen mit entsprechenden Fragen dazu. Notieren Sie Ihre persönlichen Wünsche in Ihrem Projekttagebuch oder auf einem separaten Blatt. Diese Liste soll jedoch nicht nur zu einem einzigen Stellenangebot passen, vielmehr halten Sie darin Ihre wichtigsten Stärken, Fähigkeiten, Interessen und Werte fest, die darüber entscheiden, ob ein Angebot zu Ihnen passt oder nicht.

Im Weiteren können Sie das gleiche Modell auch zur Analyse von Stellenangeboten verwenden und solche Angebote danach mit den Notizen zu Ihrem Wunsch-Job vergleichen. Dies hilft Ihnen dabei, Fakten zu ergründen und nach diesen zu urteilen und nicht nur nach einem bestimmten Gefühl, das möglicherweise durch eine spezielle Formulierung in einem Stelleninserat bei Ihnen ausgelöst wurde.

Fragen nach meinem idealen Job

Ebene	**Mögliche Fragen dazu**
Sinn	Wozu ist das Ganze überhaupt gut? Warum stehe ich dafür jeden Morgen wieder auf? Warum macht es für mich Sinn, diese Aufgabe wahrzunehmen? Was ist mir daran besonders wichtig? Was daran verschafft mir persönlich Zufriedenheit? Was möchte ich auf keinen Fall missen? Was motiviert mich hochgradig dazu, auch wenn ich mal nicht so gut drauf bin?
Rolle/Identität	Welche Rolle/Aufgabe/Funktion möchte ich an der künftigen Stelle gerne wahrnehmen?

Werte, Über-zeugungen, Glaubenssätze	Warum möchte ich diese Tätigkeit unbedingt ausüben? Wovon bin ich in diesem Zusammenhang zutiefst überzeugt? Was gefällt mir/ was interessiert mich besonders an dieser Aufgabe? Welche meiner Werte sind dabei speziell erfüllt? Wieviel Lohn möchte ich für eine solche Aufgabe erhalten?
Fähigkeiten	Welche meiner Stärken und Fähigkeiten, welches Wissen und welche Erfahrungen möchte ich bei meiner zukünftigen Stelle besonders einsetzen?
Verhalten, Tätigkeiten	Was genau werde ich tun, wenn ich eine solche Aufgabe/Funktion übernehme? Welches sind die verschiedenen, notwendigen Tätigkeiten dabei, die ich gerne (oder auch nicht so gerne) ausüben würde?
Umfeld	Wo möchte ich gerne arbeiten (Ort, Büro, Homeoffice, Arbeitsweg)? Bei welchen Firmen würde ich gerne eine Stelle antreten? Mit wem möchte ich gerne zusammenarbeiten (Team oder allein)? Wie sind meine arbeitszeitlichen Vorstellungen (Voll- oder Teilzeit, Flexibilität in der Wahl der Arbeitszeit, Schichtarbeit etc.)?

Strategien für die Stellensuche

Wenn Sie Taggelder der Arbeitslosenversicherung beziehen wollen, müssen Sie bereit sein, eine Stelle zu suchen und auch anzunehmen. Gleich nachdem Sie von der Kündigung Kenntnis erhalten haben, müssen Sie anfangen, sich um eine neue Stelle zu bewerben. Dies schreibt das Arbeitslosenversicherungsgesetz in der Schweiz zwingend vor. Wenn Sie dies nicht tun, werden Sie möglicherweise mit einer Kürzung von Taggeldern «bestraft». Falls Sie sich schon lange nicht mehr um eine Stelle beworben haben, kann es sinnvoll sein, sich dazu Literatur zu besorgen, einen Kurs zu besuchen oder sich in anderer Form über die heutigen Standards im Bewerbungsprozess zu informieren. Auf dem RAV bekommen Sie ebenfalls Informationen in Form von Broschüren oder über Möglichkeiten der persönlichen Unterstützung und Weiterbildung in diesem Zusammenhang. Die Art und Weise, wie Sie ein vollständiges Bewerbungsdossier zusammenstellen, wird in diesem Buch nicht im Detail besprochen[14]. Es ist jedoch wichtig, dass die Person, welche Ihr Bewerbungsdossier liest, sich in kürzester Zeit einen Überblick über Ihr Angebot verschaffen kann. Wenn Sie aus Unwissenheit oder Unachtsamkeit hier grobe Fehler begehen, bringen Sie sich ganz unnötig um eine

[14] Detaillierte Angaben zu anspruchsvollen schriftlichen Bewerbungsunterlagen finden Sie im Buch Christian Püttjer und Uwe Schnierda, Professionelle Bewerbungsberatung für Führungskräfte, 2009, Campus Verlag

Zukunftschance. Ebenso wichtig ist es, sich in die Empfängerperson hinein zu versetzen und sich vorzustellen, was diese aufgrund des Inserates wahrscheinlich gerne über den Bewerber bzw. die Bewerberin erfahren möchte. Dabei geht es um Ihre Wahrnehmungsfähigkeiten. Was genau steht überhaupt im Inserat und wie geben Sie darauf eine persönliche Antwort? Auch hier lohnt sich ein systematisches Vorgehen wie folgt.

Entsprechend Ihren Eintragungen in der Liste Ihres Marktpotenzials suchen Sie als erstes konkret nach Firmen, zu welchen Ihr Angebot passt, welche möglichst ähnliche Werte propagieren wie Sie und die möglicherweise Aufgaben zu vergeben haben, die den Rollen und Fähigkeiten entsprechen, die Sie weiter oben für sich aufgeschrieben haben.

Durchforsten Sie das Internet, schauen Sie sich die Homepages von möglichen Arbeitgebern an, suchen Sie nach deren Wertvorstellungen, in der Regel werden diese auf Seiten wie «über uns», «unsere Philosophie», «das Unternehmen», «unser Leitbild» oder «Purpose» etc. kommuniziert. Gefällt Ihnen das Produkt oder die Dienstleistung der Firma? Könnten Sie sich damit identifizieren? Interessiert es Sie, was angeboten wird und sind Sie motiviert, sich ebenfalls dafür zu engagieren?

Je besser Sie zu einer Firma passen, desto mehr werden Sie sich auch mit einer künftigen Stelle in einem dieser Unternehmen identifizieren können und umso befriedigender wird auch das Ergebnis Ihrer Arbeit sein.

Haben Sie solche Firmen gefunden, dann sehen Sie sich **jeden Morgen** deren Internetseite mit den offenen Stellen an. Finden Sie ein Angebot, das zu Ihnen passen würde, dann analysieren Sie das Stellenangebot ebenfalls mittels des Modells der logischen Ebenen.

Analyse Stellenangebot / -ausschreibung

Eine genaue Analyse eines Stelleninserats ist aus verschiedenen Gründen wichtig, bevor man sich darauf bewirbt. Es gibt Ausschreibungen, bei welchen man das Gefühl hat, dies sei möglicherweise genau der Job, den man sich schon lange wünscht. Manchmal kann ein einziges Wort in einem Inserat so ein Gefühl auslösen. Das hat aber meistens mit der individuellen, selektiven Wahrnehmung von Leser*innen zu tun und weniger mit dem konkreten Angebot. Im Weiteren sollte man die Angaben im Inserat anschliessend mit den eigenen Notizen zum Wunsch-Job vergleichen. Ein Vergleich der effektiven Fakten ist aufschlussreicher als bloss ein Gefühl. Falls sich herausstellen sollte, dass das Angebot doch nicht zu Ihnen passt, ersparen Sie sich dadurch viel unnötige Arbeit.

Bitte notieren Sie hier nur konkrete Fakten, welche im Jobinserat explizit beschrieben sind und keinesfalls Ihre eigenen Interpretationen dazu!

Ebene	**Mögliche Fragen dazu**
Sinn	Was ist der Sinn/Zweck/Purpose der Firma (übergeordnete Werte)?
Rolle/Identität	Welche Funktion ist zu besetzen (z.B. kaufm. Angestellte, Lehrperson, Ingenieurin, Reinigungskraft, Pflegefachperson etc.)?
Werte, Überzeugungen, Glaubenssätze	Welche Werte der Firma sind im Inserat konkret beschrieben? Was ist der Firma wichtig bei der Stellenbesetzung?
Fähigkeiten	Welche Qualifikationen (Nachweise), Fähigkeiten und Erfahrungen werden von Ihnen verlangt?
Verhalten, Tätigkeiten	Welche Tätigkeiten, die bei diesem Job ausgeführt werden müssen, sind konkret beschrieben?
Umfeld	Wo wird der Arbeitsort sein? Wie gross ist die Firma? Wie wird das Arbeitsumfeld sein? Welche zeitlichen Vorgaben gibt es? Wie würde sich die Annahme dieses Jobs auf mein privates Umfeld auswirken?

Beim anschliessenden Vergleich der Fakten fangen Sie am besten beim Umfeld an und vergleichen Sie die jeweiligen Ebenen miteinander.

Grosse Aufmerksamkeit sollten Sie dabei den Fähigkeiten, den Werten und der Sinnebene schenken. Verfügen Sie über die verlangten Qualifikationen, Fähigkeiten oder Erfahrungen? Wenn nicht, was sind die Gründe, weshalb die Firma Sie trotzdem für diese Funktion auswählen sollte? Was hat sie davon?

Falls Ihre Werte nicht mehr oder weniger mit denjenigen der Firma übereinstimmen, sollten Sie vorsichtig sein. Falls Sie eine solche Stelle antreten, könnten Sie rasch die Motivation dazu verlieren.

In der Regel werden nicht alle Ebenen miteinander übereinstimmen, aber mit diesem systematischen und faktenbasierten Vorgehen ist die Chance grösser, dass Sie sich auf Stellen bewerben, die gut zu Ihnen passen. Es erspart Ihnen und den betroffenen Firmen unnötigen Aufwand.

Für alle, welche sich seit Jahren nicht mehr auf eine Stelle haben bewerben müssen, lohnt sich vielleicht ein Bewerbungscoaching. Bei den Arbeitsämtern gibt es Vorlagen für die Erstellung eines Bewerbungsdossiers, diese sind jedoch nicht immer speziell auf ältere Personen ausgerichtet.

Zu einem vollständigen Dossier gehören der Bewerbungsbrief (Motivationsschreiben), ein tabellarischer Lebenslauf, Qualifikationsnachweise für im Stelleninserat verlangtes Wissen und Fähigkeiten, Arbeitszeugnisse und ein professionelles Foto (Portrait). Meistens müssen die Bewerbungsunterlagen heute digital eingereicht werden.

Ein ganz wichtiges Element in einer Stellenbewerbung einer älteren Person ist der Bewerbungsbrief. Dieser darf auf keinen Fall eine Art «Standardschreiben» sein, welches für verschiedene Bewerbungen verwendet wird, denn damit ist die Wahrscheinlichkeit einer Absage höher. Ins Bewerbungsschreiben gehören in wenigen Sätzen formulierte konkrete Antworten auf die in der Stellenausschreibung erwähnten Wünsche der Firma wie der Grund für die Bewerbung, Beschreibung des Vorhandenseins einiger der verlangten Kenntnisse und Fähigkeiten und Angaben dazu, was die Firma gewinnt, wenn sie die sich bewerbende Person einstellt. Fehlen solche Angaben im Motivationsschreiben, wird möglicherweise das ganze Dossier bereits zu den Absagen gelegt, sobald die lesende Person das Geburtsdatum des Bewerbenden entdeckt hat.

Sollten Sie in der glücklichen Lage sein, eines unter mehreren Stellenangeboten auswählen zu können, eignet sich die bereits in Kapitel 7 vorgestellte Methode der Nutzwertanalyse ebenfalls für die Entscheidungsfindung und definitive Auswahl.

Umgang mit Absagen

Leider ist es so, dass ältere Stellensuchende oft viele Absagen, manchmal mit fadenscheinigen oder ganz ohne Angabe von Gründen) erhalten. Doch im Moment scheint sich hier die Berufswelt langsam zu verändern, da der Fachkräftemangel in der Wirtschaft immer prekärer wird. Lassen Sie sich von Absagen nicht entmutigen! Solche haben nichts zu tun mit Ihrem Wert als Mensch. Versuchen Sie dabei, ein positives Selbstwertgefühl zu erhalten. Reden Sie mit vertrauten Menschen darüber und suchen Sie Unterstützung beim Erstellen der nächsten Bewerbung. Die beiden nachfolgenden Erfahrungsberichte sollen Ihnen dabei Mut machen.

Heute kann ich es mit Humor nehmen...(Geschichte von Bruno)

Bruno, 63, tritt noch am gleichen Tag, an welchem wir uns morgens zu einem Interview treffen, eine neue Stelle an.

Begonnen hatte alles vor acht Jahren, als er von seinem Arbeitgeber, einer renommierten Schweizer Bank, nach 14-jähriger, erfolgreicher Tätigkeit als Anlageberater die Kündigung erhielt. Schon während der Kündigungsfrist nahm er Kontakt auf mit verschiedensten Personen aus seinem beruflichen und privaten Umfeld, teilte diesen mit, dass sein Arbeitsverhältnis auslaufe und ab wann er für neue Aufgaben zur Verfügung stehe. Nach einer Weile wurde er von einem französischen Konkurrenzunternehmen angerufen, welches ihm eine Stelle anbot, die er nach Ablauf der Kündigungsfrist auch gleich antreten konnte. Nach weiteren drei Jahren wurde dieses neue Arbeitsverhältnis aus Altersgründen aufgelöst.

Anschliessend war Bruno fast zwei Jahre lang arbeitslos. Mitten in einer Zeit umfangreicher Umstrukturierungen bei Banken und Versicherungen war es für den mittlerweile 58-jährigen keineswegs einfach, in diesem Bereich eine neue Stelle zu finden. Zu Beginn sei es ihm sehr schwergefallen, mit dieser für ihn ungewohnten Situation umzugehen. Manchmal sei ihm beinahe die Decke auf den Kopf gefallen, erzählt er. Da erinnerte er sich an verschiedene Themen, welche im Rahmen einer Outplacement-Beratung, die er vor mehreren Jahren nach der ersten Kündigung erhalten hatte, besprochen worden waren. Nun erst waren ihm diese Erkenntnisse von Nutzen und er begann mit einer umfangreichen beruflichen Standortbestimmung, forschte nach alten Kindheitsträumen und Berufswünschen, listete persönliche Stärken und Schwächen auf und überlegte, welche besonderen Fähigkeiten er habe, welche er vielleicht noch zum Beruf machen könnte. Seine Frau habe ihn in dieser schwierigen Zeit sehr unterstützt, meint Bruno und er ist ihr dafür sehr dankbar.

In der Folge bewarb er sich dreimal bei verschiedenen Gelegenheiten bei einer Firma, welche in einem grossen Einkaufszentrum mehrere Läden betreibt, darunter auch einen für Modelleisenbahnen und Zubehör. Bruno, der seit Jahren einen grossen Teil der Freizeit seiner Modelleisenbahn widmet, traute sich die Aufgabe des Verkaufs und der Beratung der Kundschaft zu, erhielt aber immer wieder Absagen. Er nahm danach eine Stelle auf Abruf bei einer Bewachungsgesellschaft an. Je nach Bedarf wurde er als Wachmann für die Bewachung von Liegenschaften, für administrative Arbeiten am Computer, als Aufsichtsperson bei Messen und Ausstellungen oder als Wärter in einem Gefängnis beschäftigt. Dies sei nicht immer angenehm gewesen, vor allem in Situationen, in denen er bei beissender Kälte, trotz Thermounterwäsche frierend irgendwo draussen habe stehen müssen. Trotz allem aber sei dies eine sehr bereichernde Zeit gewesen, meint Bruno. Er habe dabei viele Erfahrungen gemacht und Leute kennen gelernt, die er sonst in seinem Leben wohl nie angetroffen hätte. Seine Bereitschaft zu dieser Arbeit hat sich gelohnt. Mit der Zeit verfügte er über insgesamt 18 Monate «Zwischenverdienst», die dazu führten, dass er eine neue Rahmenfrist bekam und weiterhin Arbeitslosentaggelder beziehen konnte, wenn er keine Arbeit hatte.

In regelmässigen Abständen besprach Bruno seine Situation mit einem Personalberater beim RAV. Dieser machte ihn bei einem solchen Treffen auf eine auf der Internetseite des kantonalen Amts für Industrie, Gewerbe und Arbeit ausgeschriebene Stelle in einem Modelleisenbahnladen aufmerksam. Dies war genau der Laden, bei welchem er sich schon dreimal erfolglos beworben hatte. Aber er bewarb sich auch noch ein viertes Mal und erhielt dieses Mal prompt eine Einladung zum persönlichen Vorstellungstermin.

Was war geschehen? In der Zwischenzeit hatte es in der Personalabteilung des Einkaufszentrums einen Wechsel gegeben. Die neu verantwortliche Person kannte die Situation der Arbeitslosigkeit aus eigener Erfahrung und wusste, wie schwierig es vor allem für ältere Personen ist, eine neue Stelle zu finden. Aus diesem Grund schrieb sie die offenen Stellen jeweils nur noch über dieses Amt aus. Bruno erhielt nach dem Vorstellungsgespräch eine Zusage und wurde eingestellt. Während drei Jahren betreute und beriet er danach in einem 80%-Teilzeitpensum kompetent seine Kunden unterschiedlichsten Alters. In dieser Zeit lernte er viel Neues, denn im Laden wurden Modellbahnen aller Marken verkauft, auch solche, die Bruno bisher nur wenig kannte. Vor kurzem wurde ihm diese Stelle allerdings wieder gekündigt. Nach dem Grund gefragt, meinte Bruno lakonisch, er sei eben kein «Jasager», der sich aus lauter Angst, die Stelle zu verlieren, bereitwillig mit allem einverstanden erkläre.

Die neuerliche Aussicht auf Arbeitslosigkeit erschütterte Bruno nicht mehr in gleichem Mass wie noch vor drei Jahren. Vielmehr nutzte er seine damaligen positiven Erfahrungen und informierte gleich sein ganzes Beziehungsnetz, dass er wieder einmal auf Stellensuche sei, mit entsprechendem Erfolg. Ein bisheriger Zulieferer des Modellbahnladens bot ihm die Chance, in einem Teilzeitpensum von zurzeit 30% Spezialveranstaltungen der Firma zu planen und durchzuführen. Bruno hofft allerdings, dass er die Tätigkeit mit der Zeit auf etwa 50% ausweiten kann. Damit wäre er zufrieden. Heute schätzt er es, nicht mehr 100% arbeiten zu müssen.

Rückblickend meint Bruno, es sei ganz wichtig, sich gleich nach Erhalt einer Kündigung auf die Suche nach einer neuen Arbeit zu machen. Es sei viel einfacher zu sagen, « bis zu diesem Datum bin ich noch besetzt und danach verfüge ich über freie Kapazitäten», als aus der Arbeitslosigkeit heraus wieder irgendwo Fuss zu fassen. Je länger die Stellensuche dauere, desto schwieriger werde es, sich selber zu vermarkten. Inzwischen kann er die Sache ziemlich humorvoll angehen. Er hat erlebt, dass das Leben auch nach einer Kündigung weitergeht, wenn auch nicht immer so, wie es ursprünglich einmal gedacht war. Nach seinem Geheimrezept befragt, was für ihn wichtige Aspekte im Umgang mit dem Verlust der Arbeit seien, meint er, eine offene Einstellung zu allem was passiert, sei die wesentlichste Grundvoraussetzung, um die eigene Zukunft positiv und zuversichtlich anzugehen.

Ich habe meinen Traumjob gefunden (Geschichte von Anita)

Anita, 63, arbeitet seit einem Jahr als Sekretärin und administrative Allrounderin in einem Anwaltsbüro. Zu diesem Job ist sie über eine gute Bekannte gekommen, welche auf der Suche nach einer Stellvertretung während ihres Mutterschaftsurlaubs war. Was als befristeter Zwischenverdienst während ihrer über einjährigen Arbeitslosigkeit begann, endete mit einer unbefristeten Festanstellung von Anita, als sich in der Firma eine personelle Vakanz ergab. In zwei Jahren wird Anita ihren 65. Geburtstag feiern (offizielles Pensionsalter in der Schweiz). Die drei Anwälte, welche ihre Arbeitgeber sind, haben allerdings schon jetzt nachgefragt, ob sie allenfalls auch über dieses Datum hinaus bereit sei, für sie zu arbeiten. Sie sei ja «erst seit kurzer Zeit» hier und wolle doch sicher nicht in zwei Jahren schon wieder aufhören. Dies kommt Anita sehr gelegen, denn dadurch kann sie ihre voraussichtliche Rente, die aufgrund fehlender Beitragsjahre nicht sehr hoch sein wird, etwas aufbessern.

In jungen Jahren hätte Anita nach bestandener Matura an der Universität gerne Physik studiert. Doch damals traute sie sich nicht, diesen Wunsch zu realisieren. Sie nahm an, als Frau in dieser Fachrichtung unter vielen Männern eine Exotin zu sein. Schliesslich entschloss sich Anita für eine Lehre als Physiklaborantin in einer international tätigen Firma. Kurz nach ihrem Lehrabschluss heiratete sie und es folgte eine Familienpause von rund achtzehn Jahren. In dieser Zeit übernahm sie zwischendurch Nebentätigkeiten als Messehostess oder sie war als freie Journalistin tätig. Schon als Kind gehörten Lesen und Schreiben zu ihren Lieblingsbeschäftigungen und einer ihrer früheren Berufswünsche war auch Journalistin gewesen.

Nachdem ihre Kinder fast erwachsen waren, gelang ihr mit vierzig Jahren der berufliche Wiedereinstieg als Personalberaterin bei einer Temporär-Firma, für welche sie in der Folge während sechs Jahren tätig war. Als sie auch noch von ihrem Mann geschieden wurde, war sie mehr denn je auf ein eigenes finanzielles Einkommen angewiesen. So übernahm sie in den folgenden Jahren noch weitere Stellen jeweils im administrativen Bereich verschiedenster Betriebe und besuchte aus eigener Initiative regelmässig Weiterbildungen.

Vor ihrer heutigen Tätigkeit war sie zuletzt in einer Immobilienfirma angestellt. Die Arbeit gefiel ihr sehr, doch mit der Zeit veränderten sich dort das Arbeitsklima und die Rahmenbedingungen für die Zusammenarbeit derart, dass es Anita immer schwerer fiel, dort zu arbeiten. Anita kann in entscheidenden Momenten des Lebens sehr gut für sich selber sorgen, deshalb kündigte sie dieses Arbeitsverhältnis, als sie merkte, dass es über ihre Kräfte ging, unter den gegebenen Bedingungen weiterhin gute Arbeit zu leisten, wohl wissend, dass es nicht einfach werden würde, eine neue Stelle zu finden. In der darauffolgenden Zeit schrieb sie über hundert Bewerbungen und besuchte eine Weiterbildung im Immobilienbereich. Sie träumte davon, sich als Immobilienmaklerin selbständig zu machen, einerseits, weil ihr diese Branche sehr gefiel und weil sie glaubte, dass es einfacher sei, sich selbständig zu machen als mit 61 Jahren wieder eine Stelle zu finden. Andererseits fürchtete sie sich vor den finanziellen Risiken eines solchen Schrittes. Während der Arbeitslosigkeit fand sie eine Teilzeitstelle als freie Mitarbeiterin in einer Immobilienfirma, was sie veranlasste, den eingeschlagenen Weg konsequent weiter zu verfolgen.

Anita ist eine quirlige Person. Sie engagiere sich gerne für eine Firma, sie «lebe» für ihren Job und übernehme gerne Verantwortung. Dabei sei es ihr egal, was für eine Arbeit sie mache. Sie sei selten krank, liebe Neues und Veränderungen, plane und denke gerne voraus und passe sich den jeweiligen Gegebenheiten an. So war sie denn auch sofort bereit, für ihre Bekannte einzuspringen, nachdem diese schwanger geworden war.

Alle ihre Stellen habe sie ausschliesslich über persönliche Beziehungen gefunden, sinniert Anita und sie glaubt, dass das persönliche Netzwerk für ältere Stellensuchende von enormer Bedeutung ist. Die Anwälte, für die sie heute arbeitet, schätzen an ihr, dass sie auch in hektischen Zeiten den Überblick behält. Wenn wichtige Termine anstehen oder Fristen eingehalten werden müssen, was meistens Mehrarbeit verursacht, ist es für Anita selbstverständlich, dass sie ihre Arbeitgeber auch nach der offiziell vereinbarten Arbeitszeit unterstützt. Sie habe einmal ganz direkt gefragt, warum an ihrer Stelle nicht eine jüngere Person bevorzugt werde und die Firma sie stattdessen sogar noch über das Pensionsalter hinaus beschäftigen wolle. Die Antwort war, sie sei sehr verlässlich, was bei der Tätigkeit in einer Branche mit unregelmässig anfallenden Aufträgen und unterschiedlichem Arbeitsvolumen eine sehr wichtige Qualität sei. Die Beständigkeit und Gelassenheit einer erfahrenen älteren Person, die relativ unabhängig von familiären oder anderen Verpflichtungen in chaotischen Zeiten offen und flexibel zur Seite stünde und erst noch Ruhe bewahre wie sie, sei das Beste, was ihnen habe passieren können. Für Anita ist die Suche beendet. Sie hat ihre Traumstelle gefunden.

Nach ihrem «Rezept» befragt, was sie anderen Menschen in ähnlicher Situation empfehlen würde, meint Anita humorvoll: «Ich bin ein ewiges Kind und lache gern. Ich gehe mit Freude an alles heran, was ich mir vornehme. Positiv denken und es einfach probieren, dann wird es schon klappen», rät sie.

9 Der Schritt in eine selbständige Erwerbstätigkeit

Damit jemand in der Schweiz als selbständig erwerbend akzeptiert wird, braucht es die Anerkennung durch die AHV (Alters- und Hinterlassenenversicherung). Ohne eine solche Anerkennung ist eine selbständig erwerbende Tätigkeit nicht möglich. Wenn man auf Jobsuche ist und sich selbständig machen möchte, gibt es dafür bei der Arbeitslosenversicherung spezielle Förderprogramme. Unter Umständen kann schon dabei geprüft werden, ob eine Anerkennung durch die AHV für die eigene Geschäftsidee realistisch ist.

Ob eine versicherte Person im Sinne der AHV selbständig erwerbend ist oder nicht, beurteilt die Ausgleichskasse im Einzelfall aufgrund der jeweiligen Tätigkeit. Das heisst, es ist nicht ausgeschlossen, dass die gleiche Person für eine andere Tätigkeit als unselbständig erwerbend beurteilt wird. Massgebend für die Beurteilung der Ausgleichskasse sind die wirtschaftlichen und nicht die vertraglichen Verhältnisse.

Informationen zu den Kriterien, ob eine Tätigkeit als selbständig oder unselbständig eingestuft wird, findet man beim Staatssekretariat für Wirtschaft SECO der Schweiz.

Vorbereitung und Planung einer selbständigen Erwerbstätigkeit

Zur Planung einer allfälligen beruflichen Selbständigkeit gehört die Erstellung eines Businessplans. Ein solcher dient dazu, alle wichtigen Teilschritte bei der Firmengründung festzuhalten und die Ziele für die ersten Geschäftsjahre festzulegen. Falls für die Unternehmensfinanzierung ein Bankkredit benötigt wird, wollen Banken ebenfalls einen solchen Plan sehen und auch die Arbeitslosenversicherung, falls eine erwerbslose Person den Schritt in eine selbständige Erwerbstätigkeit beabsichtigt. Ein Businessplan umfasst folgende Kapitel:

- Beschreibung der Geschäftsidee sowie Ziel und Zweck des Unternehmens
- Geplante Produkte/Dienstleistungen
- Beschreibung der Unternehmensstrategie
- Marktanalyse
- Marketingkonzept
- Geplante Rechtsform, notwendige Versicherungen
- Finanzplanung für die ersten 1-3 Jahre
- Berechnung des für die Geschäftsgründung notwendigen Kapitals

Da die geplante Finanzierung einen sehr wichtigen Teil bei der Unternehmensgründung darstellt, seien nachfolgend noch ein paar Teilaspekte dazu erwähnt.

Finanzielle Überlegungen

Die finanzielle Planung bei einem beabsichtigten Schritt in die berufliche Selbständigkeit besteht im Wesentlichen aus vier Teilen:

1. Erarbeiten eines Investitionsbudgets
2. Erarbeiten eines Betriebsbudgets
3. Erstellen eines Liquiditätsplans
4. Kapitalbedarf abschätzen

Der Investitionsplan

Investitionen sind einmalige Anschaffungen, welche zur Ausübung der Geschäftstätigkeit für mehrere Jahre gebraucht werden. In der Buchhaltung werden sie unter dem Anlagevermögen ausgewiesen und unterliegen einer jährlichen Abschreibung (Wertverminderung durch den Gebrauch). Dazu gehören z.B. die Erstellung einer eigenen Homepage, der Druck von Flyern oder Firmenprospekten, Einrichtung eines Büros, Anschaffung von Büromaschinen oder eines Geschäftsautos, übrige Gründungskosten, Gebühren, etc.

Jede Geschäftsgründung benötigt eine gewisse Vorlaufzeit für Planung und Vorbereitung bis zur ersten Rechnungsstellung. D.h. in dieser Zeit, wo noch keine Erträge anfallen, muss der persönliche Lebensbedarf gedeckt werden können. Auch dieser zählt zu den notwendigen Investitionen. Es braucht somit eine gewisse Vermögensreserve oder allenfalls geeignete Investoren, um alle diese Investitionen finanzieren zu können.

Das Betriebsbudget

Im Betriebsbudget werden zu erwartende Erträge und laufende Kosten im ersten, wenn möglich auch im zweiten und dritten Betriebsjahr abgeschätzt und berechnet.

Der Liquiditätsplan

Die so erarbeiteten Jahresbudgets werden danach in jährlichen Liquiditätsplänen verfeinert nach dem gleichen System wie in Kapitel 6 (Finanzielle Rahmenbedingungen) für den privaten Bedarf beschrieben.

Den Kapitalbedarf abschätzen

Aus dem Investitionsplan und den errechneten Betriebsbudgets ergibt sich zusammen mit den Liquiditätsplänen der notwendige Kapitalbedarf für die geplante Geschäftsgründung und die ersten Betriebsjahre.

Je nach persönlicher Vermögenslage kann das notwendige Kapital aus den eigenen finanziellen Reserven aufgebracht werden. Oft ist dies jedoch nicht der Fall und es muss nach entsprechenden Finanzierungsmöglichkeiten Ausschau gehalten werden. Dies kann auf verschiedene Weise erfolgen wie z.B. der Suche nach Geschäftspartnern, die einen Teil der Finanzierung zu übernehmen bereit sind oder allenfalls auch über Geschäftskredite von Banken. Sollten Sie für sich eine selbständige Erwerbstätigkeit in Betracht ziehen und unsicher sein bei finanziellen Fragen, empfehle ich Ihnen daher, eine finanzielle Fachberatung in Anspruch zu nehmen. Sie ersparen sich dadurch finanzielle Verluste oder auch nur böse Überraschungen zu einem späteren Zeitpunkt.

Eine empfehlenswerte Möglichkeit, seinen finanziellen Aufwand bei einer Geschäftsgründung in Grenzen zu halten, ist diejenige der langsamen Reduktion des Arbeitspensums in einem Anstellungsverhältnis bis man von den Einkünften aus dem eigenen Betrieb leben kann. So verfügt man noch über einen gewissen Zeitraum über ein regelmässiges Lohneinkommen, welches dazu beiträgt, dass die eigenen Reserven nicht zu schnell aufgebraucht werden.

Zum besseren Verständnis finden Sie nachstehend ein Fallbeispiel zu einer geplanten, nach reiflicher Überlegung wieder verworfenen und erst später realisierten Idee einer Geschäftsgründung.

Soll ich eine eigene Firma gründen oder nicht? (Fallbeispiel von Jan)

Jan ist 52 Jahre alt, verheiratet mit Alice und sie haben 2 Kinder im Alter von 14 und 15 Jahren. Sein erlernter Beruf ist Elektromonteur für Radio und Fernsehen.

Jan arbeitet seit 25 Jahren bei derselben Firma, die elektronische Geräte verkauft. Die Firma betreibt eine eigene Serviceabteilung, wo Kunden, die bei der Firma ein Gerät gekauft haben, dieses bei Bedarf reparieren lassen können, entweder gegen Rechnung oder allenfalls noch auf Garantie.

Vor Kurzem wurde die Firma von einem ausländischen Elektronikkonzern übernommen. Im Zuge dieses Projekts hat der neue Besitzer festgestellt, dass sich das Führen der Serviceabteilung aus finanzieller Sicht nicht lohnt. Er verlangt, dass diese Abteilung geschlossen wird und Reparaturaufträge künftig extern vergeben werden.

Jan hat drei Monate Kündigungsfrist. Beim Kündigungsgespräch bietet sein Arbeitgeber an, ihm die Werkstatteinrichtung und sämtliches noch vorhandenes Material an Ersatzteilen quasi als Abgangsentschädigung kostenlos zu überlassen. Falls er sich damit selbständig machen wolle, will die Firma künftige Reparaturaufträge ausschliesslich an ihn vergeben, weil man mit seiner Arbeit sehr zufrieden ist. Die Auflösung der Werkstatt erfolge nur auf Druck der neuen Besitzer hin und nicht, weil man das selber so wolle.

Jan wohnt in einer ländlichen Gegend, in welcher es in unmittelbarer Umgebung keinen Reparaturservice für elektronische Geräte gibt. Ein Nachbar hat in seinem Haus leerstehende Räumlichkeiten, die sich für so eine Werkstatt mit kleinem Laden eigneten und welche er Jan für eine bescheidene Monatsmiete überlassen würde. Allerdings müssten die Räumlichkeiten entsprechend umgebaut werden. Den Ausbau müsste Jan selber finanzieren. Strom und Wasseranschlüsse sowie Heizung sind vorhanden.

Einerseits scheint eine solche Möglichkeit verlockend für Jan. Er könnte selber schalten und walten wie er möchte und wäre neu Geschäftsinhaber. Andererseits weiss er nicht, welche finanziellen Risiken damit verbunden wären. Dies möchte er mittels einer professionellen Fachberatung abklären.

Jan und seine Frau (teilzeiterwerbstätig) erwirtschaften monatlich ein Einkommen, welches gut reicht für die Familiensituation. Sie gönnen sich gerne kostengünstige Reiseferien und jährlich bleibt ein kleiner Sparbetrag übrig. Inzwischen haben Jan und Alice sich so eine kleine finanzielle Reserve für Notfälle angespart.

Nach Ablauf der Kündigungsfrist muss Jan sich bei der Arbeitslosenversicherung anmelden und am Förderprogramm zum Aufbau der selbständigen Erwerbstätigkeit teilnehmen, wo er auch fachliche Unterstützung bei der Berechnung des für die Geschäftsgründung notwendigen Kapitals erhält. Das Arbeitslosentaggeld, das er während dieser Zeit bekommen wird, ist tiefer als sein früherer Lohn, deshalb wird das monatliche Einkommen der Familie, auch wenn Alice ihr Teilzeitpensum aufstockt, für die Dauer, in welcher Jan noch keine Umsätze erwirtschaftet, pro Monat tiefer sein als bisher.

Bevor er mit seiner neuen, eigenständigen Tätigkeit anfangen kann, müssen die Werkstatträumlichkeiten entsprechend ausgebaut werden, es werden schon Miet- und Umzugskosten für die Werkstatt sowie Gebühren für die Geschäftsgründung anfallen. Für all dies berechnet Jan mit Hilfe der Finanzberatung einen Investitionsbetrag von rund CHF 40'000. Die neue Werkstatt soll in zwei Monaten bezugsbereit sein. Zu diesem erwähnten Betrag muss er auch noch die monatlichen Fehlbeträge im Familieneinkommen für drei bis fünf Monate hinzurechnen, bis die ersten Zahlungen von Kunden eintreffen werden. Insgesamt fallen deshalb Vorlaufkosten von rund CHF 55'000 für die Geschäftsgründung an.

Beim Erstellen des Betriebsbudgets muss Jan die monatlichen Fixkosten für die Werkstatt berechnen sowie den Materialeinkauf für den Verkauf neuer Geräte oder für die Reparaturen abschätzen. Dabei muss er einen monatlichen Gewinn erzielen, der in etwa seinem Lohn aus der vorangegangenen Anstellung entspricht.

Fazit

Das Resultat dieser Berechnungen zeigt, dass Jan in seiner Firma monatlich einen Umsatz erwirtschaften müsste, der doppelt so hoch ist wie der Monatslohn, den er vorher als Angestellter verdient hat. Vermutlich muss er diesen Zielumsatz während der ersten Monate seiner Geschäftstätigkeit langsam aufbauen, bis er über einen genügend grossen Kundenstamm verfügt.

Nach reiflicher Überlegung kommt Jan zum Schluss, dass er nicht sein ganzes Erspartes für die Geschäftsgründung einsetzen möchte. Er müsste somit Fremdkapital auftreiben, das er natürlich eines Tages wieder zurückzahlen müsste. Hinzu kommt seine Familiensituation. Seine Kinder werden die obligatorische Schulzeit bald beenden und entweder eine Lehre beginnen oder vielleicht sogar eine höhere Ausbildung anstreben. Dies bedeutet für Jan und seine Frau, dass die Familienkosten während der nächsten fünf bis acht Jahre eher noch steigen werden bis die Kinder danach finanziell auf eigenen Füssen stehen.

Jan beschliesst deshalb, die Idee der eigenen Geschäftsgründung noch nicht zu realisieren, weil er in der jetzigen Familiensituation keine so grossen finanziellen Risiken eingehen möchte. Sieben Jahre später allerdings verwirklicht er seinen Traum und gründet zusammen mit seinem Bruder erfolgreich einen Laden für elektronische Geräte mit Reparaturwerkstatt.

Mit dieser Geschichte möchte ich Ihnen aufzeigen, wie wichtig die vorgängige Planung bei einer beabsichtigten Firmengründung ist. Stürzen Sie sich nicht unüberlegt in ein solches Abenteuer. Die genaue Planung zeigt die Fakten für ein solches Projekt auf und hilft Ihnen dabei, gute Entscheidungen zu treffen.

10 Gesund bleiben bis ins hohe Alter

Gesundheit wird in der heutigen Zeit ein immer wichtigerer Wert von Menschen. Dabei kann man den persönlichen Gesundheitszustand mit dem eigenen Verhalten massgeblich beeinflussen. Bis heute gibt es kein Wundermittel, das den Alterungsprozess aufhalten kann. Trotzdem altern verschiedene Menschen unterschiedlich. Wenn Sie ein Zukunftsprojekt planen, sich neuorientieren, einen langgehegten Wunsch in die Tat umsetzen oder einfach nur möglichst lange ein zufriedenes und glückliches Leben führen möchten, sollten Sie dem persönlichen Wohlergehen und Ihrer Gesundheit entsprechende Aufmerksamkeit schenken.

Dass eine ausgewogene Ernährung, ausreichend Bewegung und ein gesunder Lebensstil die Grundlagen für ein langes Leben sind, ist mittlerweile wissenschaftlich belegt. Dabei sind keine sportlichen Höchstleistungen notwendig. Es geht lediglich darum, die körperliche Fitness möglichst lange zu erhalten, d.h. sich täglich mindestens ca. 30 Minuten zu bewegen mittels eines Spaziergangs oder mit ganz normalen Alltagsaktivitäten wie Gartenarbeit, Einkaufen, Schneeschaufeln oder Staubsaugen. Regelmässiges Training stärkt nicht nur die Muskeln. Auch Beweglichkeit und Koordination sowie den Gleichgewichtssinn kann man damit verbessern, was sich auch positiv auf die geistige Fitness auswirkt. Regelmässige Spaziergänge sollen sogar demenzvorbeugend wirken, weil dabei das Gehirn auf vielfältige Weise aktiv sein muss. In verschiedenen Fitnesscentern gibt es heute Gymnastik- oder Aquafitkurse für Seniorinnen und Senioren. Menschen, die bis ins hohe Alter das Tanzbein schwingen, verbessern dadurch nicht nur den Gleichgewichts- und Orientierungssinn, es werden auch das Gedächtnis sowie die Improvisations- und Anpassungsfähigkeit geschult. Dasselbe gilt für das Spielen eines Musikinstrumentes. All dies haben wissenschaftliche Studien ergeben.

Ernährung spielt in jedem Alter eine Schlüsselrolle für die Gesundheit. Untersuchungen zeigen jedoch, dass gerade ältere Menschen häufig fehl- oder unterernährt sind – mit Folgen für die Lebensqualität. Gutes Essen macht Menschen widerstandsfähiger, vitaler und zufriedener. Essen Sie daher möglichst abwechslungsreich und mit Genuss. Wenn Sie nicht sicher sind, was für eine Ernährung in Ihrem Alter angemessen ist, lassen Sie sich eine Ernährungsberatung verschreiben.

Auch im Alter lohnt es sich, dem eigenen Körper genügend Aufmerksamkeit zu schenken. Auch wenn Sie mit 70 Jahren nicht mehr aussehen wie mit 20 – denken Sie stets daran: Schönheit ist kein Privileg der Jugend. Jedes Alter hat seine ganz eigene Schönheit. Ausschlaggebend für Schönheit ist meines Erachtens die Ausstrahlung eines Menschen und diese hängt davon ab, wie sich diese Person fühlt. Ist sie zufrieden mit ihrem Leben, gesund, ruhig und gelassen, so wirkt das ganz anders auf andere Menschen als wenn jemand gestresst, krank oder unzufrieden ist. Die Haut ist oftmals ein Spiegel der Seele.

Jahre runzeln die Haut
den Enthusiasmus aufzugeben aber runzelt die Seele![15]

Wenn man älter wird, funktioniert der Körper nicht mehr bei allen Menschen wie in jungen Jahren. Manche Menschen bekommen in fortgeschrittenem Alter Schwindelanfälle oder sonstige Probleme beim Gehen. Dies erhöht die Gefahr von Stürzen. Sorgen Sie deshalb für Sicherheit in der Wohnung z.B. mit Haltegriffen oder Antirutschmatten im Badezimmer. Entfernen Sie Stolperfallen wie rutschende Teppiche und dergleichen.

Ganz wichtig für ältere Personen ist die regelmässige gesundheitliche Vorsorge. Fragen Sie Ihren Hausarzt danach. Ich kenne ältere Personen, welche stolz darauf sind, nie zum Arzt gehen zu müssen. Sie kontaktieren die Hausärztin erst, wenn etwas an ihrem Körper nicht mehr richtig funktioniert und sind erstaunt, wenn bei einer solchen Untersuchung plötzlich ein gravierender Mangel zum Vorschein kommt.

Es gibt Krankheiten, die verursachen lange weder Beschwerden noch Schmerzen. Sie beginnen unbemerkt und wenn erst Einschränkungen durch diese auftreten, ist eine Heilung unter Umständen schwierig. Solche Krankheiten könnten sein:

- Hoher Blutdruck
- Zu hoher Blutzucker (Diabetes)
- Zu hohe Cholesterinwerte
- Zu hoher Augendruck (grüner Star)
- Darmkrebs, Brustkrebs, Gebärmutterhalskrebs
- Osteoporose (Knochenschwund)
- Vitamin- oder Mineralstoffmangel

Solchen Krankheiten kann man mit regelmässigen Kontrolluntersuchungen vorbeugen. Wenn ein Mangel im Anfangsstadium erkannt wird, sind die Heilungschancen auf jeden Fall besser als bei einer Feststellung erst in fortgeschrittenem Zustand.

Mit zunehmendem Alter lässt das Durstempfinden nach. Viele ältere Menschen trinken deshalb zu wenig. Das belastet sowohl Kreislauf wie auch Stoffwechsel. Zudem kann Flüssigkeitsmangel Kopfschmerzen verursachen.

[15] Zitat von Albert Schweitzer

Gesundheitsvorsorge beim älter werden, ist deshalb ähnlich wie die Pflege eines schönen alten Autos.

Abbildung 10 Oldtimer Modell Plymouth Fury 1958

Ältere Menschen brauchen	**Oldtimer brauchen**
Regelmässige Gesundheitsvorsorge	Regelmässige Wartung
Fitness, Bewegung	fahren, fahren, fahren
Seinem Körper Gutes tun	gute Pflege aller Teile
Sicherheit zuhause	Sicherheitsgurte, gute Bremsen
Qualität in der Ernährung	nur gute Materialien verwenden
genug trinken	Ölstand regelmässig kontrollieren

Es ist erwiesen, dass ältere Menschen, die länger krank sind oder einen Umfall erleiden sehr schnell an Kraft verlieren und unter Muskelabbau leiden. Es dauert entsprechend lange bis ein davor guter Fitnesszustand wieder aufgebaut ist. Gute Gesundheit ist daher eine wichtige Voraussetzung, wenn man ein Herzensprojekt verwirklichen möchte. Schenken Sie diesem Thema deshalb die ihm gebührende Aufmerksamkeit.

11 Abschliessende Gedanken

Zum besseren Verständnis sind nachfolgend die Voraussetzungen für eine erfolgreiche berufliche (oder private) Neuorientierung, welche im Sinne der neun Kriterien von Beate Rössler zur Erhöhung der persönlichen Zufriedenheit mit dem eigenen Leben beitragen soll, nochmals kurz zusammengefasst.

1. *Bewusstsein einer Person über ihre eigenen Werte und Überzeugungen in den jeweiligen Lebenskontexten (Familie, Beruf, Partner- oder Freundschaften etc.).*

Machen Sie sich Gedanken zu Ihren eigenen Werten und überdenken Sie die Funktion/Rollen, die Sie in ihrer aktuellen Situation im Beruf oder Privatleben wahrnehmen. Stimmt es für Sie so? Können Sie dabei Ihren Werten entsprechend handeln oder möchten Sie daran etwas verändern?

2. *Vorhandensein von für die betroffene Person sinnvollen oder wünschenswerten Optionen, wie sie ihr Leben gestalten möchte.*

Fühlen Sie sich in der jetzigen Situation am richtigen Platz? Erachten Sie Ihre momentane(n) Tätigkeit(en) als sinnvoll und bereichernd, oder haben Sie Lust auf etwas Neues und möchten sich umorientieren? Trauen Sie sich, nach noch nicht realisierten Wünschen und Träumen zu forschen!

3. *Fähigkeit dieser Person, über ihre Ziele und Wünsche, sowie auch den sozialen Kontext, in welchem sie ihre Wünsche verwirklichen möchte, zu reflektieren und anhand ihrer Werte zu entscheiden, ob es für sie Sinn macht, ihre Vorstellungen darin zu realisieren.*

Falls es Wünsche gibt, die Sie gerne baldmöglichst realisieren möchten, konkretisieren Sie diese in Form von genau beschriebenen Zielen. Überprüfen Sie, wie gut diese zu Ihrem aktuellen Lebenskontext passen. Falls dies nicht der Fall sein sollte, was könnten oder möchten Sie daran verändern, damit Ihr Wunsch in Erfüllung gehen kann? Wenn Ihnen dies im Alleingang zu schwierig erscheint, suchen Sie sich Unterstützung. Sprechen Sie mit Menschen darüber, denen Sie vertrauen.

4. *Vorhandensein eines sinnvollen Angebots an Wahl- und Entscheidungsmöglichkeiten, damit Menschen Autonomie überhaupt leben können.*

Jeder Mensch braucht in seinem Umfeld verschiedene Möglichkeiten, die man auswählen resp. für oder gegen welche man sich entscheiden kann, um sein Leben sinnvoll zu gestalten. Entspricht Ihr Umfeld diesen Voraussetzungen? Wenn nicht, was könnten Sie selber verändern, damit sich die Umstände verbessern? Suchen Sie wenn nötig Unterstützung in Form einer Beratung oder psychologischen Begleitung. Fragen Sie auch bei Ihrem Hausarzt danach.

5. *Vorhandensein von Formen sozialer Anerkennung im Umfeld einer betroffenen Person, die es ihr ermöglicht, Selbstachtung und Selbstwert zu entwickeln.*

Jeder Mensch braucht in seinem sozialen Umfeld Wertschätzung und Anerkennung um glücklich zu sein. Falls es in Ihrem Leben daran mangelt, suchen Sie Kontakt zu anderen Menschen. Werden Sie Mitglied in einem Verein, der sich mit Aktivitäten beschäftigt, die Ihnen Freude bereiten (z.B. sportliche, kreative oder andere Tätigkeiten), oder melden Sie sich zu einem Weiterbildungskurs an, dessen Inhalt sie interessiert. Auch ehrenamtliche Tätigkeiten können Zufriedenheit vermitteln, sei dies ein Engagement in der Nachbarschaftshilfe oder bei einer karitativen Organisation.

6. *Abwesenheit von Hindernissen oder Zwang durch oder in der Gesellschaft, die verhindern, dass jemand autonome Entscheidungen treffen kann.*

Auch in der westlichen Welt gibt es Hindernisse oder Zwänge in der Gesellschaft, die einen Menschen daran hindern können, autonome Entscheidungen zu treffen. Menschen mit geringen Einkommen wie z.B. alleinerziehende Mütter oder körperlich beeinträchtigte Personen brauchen viel Kraft, Motivation, Durchhaltewillen und Bereitschaft sich anzustrengen, um ihre Ziele zu erreichen. Scheuen Sie sich in so einem Fall nicht, Hilfsangebote anzunehmen oder sich an soziale Beratungsstellen zu wenden, die in solchen Situationen weiterhelfen können. Reden Sie mit jemandem über ihr Problem (1. Schritt), damit Sie in der Problemlösung vorankommen.

7. *Bereitschaft einer Person, sich für das Erreichen der eigenen Ziele gegebenenfalls auch anzustrengen.*

Falls Sie sich beruflich verändern möchten und noch nicht genau wissen, wie Sie das angehen sollen, wäre möglicherweise eine Weiterbildung etwas für Sie. Lebenslanges Lernen ist heute mehr denn je angesagt. Es gibt keinen Grund, weshalb über 50-jährige Menschen sich nicht weiterbilden sollten. Leider sind Personen dieser Altersgruppe in Weiterbildungsveranstaltungen oft untervertreten. Die Wissenschaft hat jedoch bewiesen, dass Menschen bis ins hohe Alter lernfähig sind. Sie brauchen höchstens etwas länger als Jüngere, um die Lerninhalte zu verarbeiten. Suchen Sie sich dazu unbedingt einen Lerninhalt aus, der Sie interessiert und den Sie als sinnvoll erachten. Nur dies garantiert, dass Sie bis am Ende dranbleiben. In Weiterbildungen lernt man zudem neue Leute kennen, kann Beziehungen aufbauen, die dann möglicherweise auch neue berufliche Kontakte ermöglichen. Auch wenn Sie keine berufliche Veränderung beabsichtigen oder sogar schon im Ruhestand sind, kann eine Weiterbildung eine Bereicherung in Ihrem Leben sein.

Jede Veränderung ist mit einer Anstrengung und Aufwand verbunden. Es bedeutet, dass man sich aus der eigenen Komfortzone hinaus auf unbekanntes Terrain begibt.

Neues zu wagen ist immer mit Unsicherheit verknüpft. Trauen Sie sich! Wenn etwas ein Herzenswunsch von Ihnen ist, werden Sie es schaffen.

8. *Mut einer Person, sich von bestimmten sozialen Beziehungen zu lösen und sich für andere Kontexte zu entscheiden, wenn sie die bestehenden als nicht sinnvoll für ihr Leben erachtet.*

Wie treffen Sie Ihre Entscheidungen? Können Sie eigenverantwortlich dafür sorgen, dass es nicht nur Ihrem Umfeld, sondern auch Ihnen selbst gut geht? Sind Sie in der Lage, eine für Sie unbefriedigende Situation aus eigener Kraft zu verändern? Falls dies nicht der Fall sein sollte, lassen Sie sich beraten oder gönnen Sie sich ein individuelles Coaching. Solche Dienstleistungen müssen auch nicht teuer sein. Es gibt an vielen Orten soziale Beratungsstellen, welche nur bescheidene Gebühren verrechnen.

9. *Fähigkeit einer Person, das eigene, selbstbestimmte Leben, als sinnvoll und bereichernd zu betrachten, auch wenn man darin zwischendurch mit Spannungen und Konflikten umgehen muss.*

Wie gehen Sie selber mit schwierigen Situationen in Ihrem Leben um? Spannungen oder Konflikte mit Mitmenschen kommen immer mal wieder vor. Das ist kein Grund, sich in sein Schneckenhaus zurückzuziehen, um der Gefahr möglicher Meinungsverschiedenheiten auszuweichen. Einen konstruktiven Umgang mit Konflikten kann man erlernen. Es gibt verschiedene erprobte Verhaltensweisen, die in solchen Situationen sehr nützlich sind. Das eigene Verhalten zu verändern, ist nicht immer leicht. Suchen Sie sich dazu Unterstützung. Die gibt es in Form von Weiterbildungs- oder Beratungsangeboten oder auch in Selbsthilfegruppen.

Nun wünsche ich Ihnen viel Erfolg und viel Freude beim Realisieren Ihrer noch offenen Wünsche, Träume oder sonstiger Zukunftsprojekte. Sollten Sie dabei mit irgendwelchen Fragen nicht weiterkommen, dürfen Sie mich gerne kontaktieren[16].

[16] E-Mail marianne.herbst@shogai.ch

12 Literaturverzeichnis

Erwähnte Literatur

[1] Swiss Life AG, Länger leben – länger arbeiten? Pensioniert und doch berufstätig: Zahlen, Fakten und Wünsche rund um den Altersrücktritt, 2021, Zürich: https://www.swisslife.ch/de/ueber-uns/engagement/studien/laenger-leben.html

[2] Beate Rössler, Autonomie, ein Versuch über das gelungene Leben, 2017, Suhrkamp Verlag, Berlin

[5], [7] Paulo Coelho, Der Alchimist, 1999, Diogenes Verlag, Zürich

[6] Ruediger Dahlke, Die Liste vor der Kiste, 2020, Terzium Verlag, Allschwil

[8] Reinhard K. Sprenger, Die Entscheidung liegt bei Dir! Wege aus der alltäglichen Unzufriedenheit, 2004 Campus Verlag, Frankfurt a.M.

[12] Matthias Nöllke, Taschenguide Entscheidungen treffen – schnell, sicher, richtig, 2002, Haufe Verlag, München

[14] Christian Püttjer und Uwe Schnierda, Professionelle Bewerbungsberatung für Führungskräfte, 2009, Campus Verlag, Frankfurt a.M.

Weiterführende Literatur

Silvia Aeschbach, Jetzt erst recht! Älterwerden für Anfängerinnen 2.0, 2022, Verlag Wörterseh, Lachen

Norbert Winistörfer, Ich mache mich selbständig, von der Geschäftsidee zur erfolgreichen Firmengründung, 2020, Beobachter Verlag, Ringier Axel Springer Schweiz AG, Zürich

Ludwig Hasler, Für ein Alter, das noch was vorhat – Mitwirken an der Zukunft, 2019, rüffer & rub Sachbuchverlag, Zürich

Prof. Dr. med. Bernd Kleine-Gunk, 15 Jahre länger leben, die 7-Säulen-Anti-Aging Strategie nach dem Hormesis-Prinzip, 2017 Gräfe und Unzer Verlag, München

Printed by Books on Demand GmbH, Norderstedt / Germany